CARLOS RANERA

Cuando llega el invierno

El éxito de un liderazgo humanista
en tiempos complejos

Ɋ
ALMUZARA

Editorial Almuzara • Economía y Empresa
Editora: María Borràs Blancafort
Corrección: Nemo Comunicación
Maquetación: Joaquín Treviño

www.editorialalmuzara.com
pedidos@almuzaralibros.com - info@almuzaralibros.com

Editorial Almuzara
Parque Logístico de Córdoba. Ctra. Palma del Río, km 4
C/8, Nave L2, n° 3. 14005 - Córdoba

Imprime: Gráficas La Paz
ISBN: 979-13-70203-43-6
Depósito legal: CO-584-2026
Hecho e impreso en España - *Made and printed in Spain*

A Balto,

*nuestro compañero de vida, que nos
enseñó que la verdadera fortaleza
no es correr más rápido, sino seguir adelante con bondad,
incluso cuando la vida te quita una pata, pero no la mirada.*

*A ti, que hiciste de cuatro personas una familia;
que cuidaste y fuiste cuidado;
que nos uniste en paseos, en silencios y en esa ternura tuya
que nunca pidió nada y lo dio todo.*

*Este Balto de tinta y papel nace para honrar al Balto real,
al de carne y de pelo, al de la dignidad serena
y los años más generosos que compartimos juntos.*

ÍNDICE

PRÓLOGO

COMPRENDER EL HORIZONTE, LA SABIDURÍA DEL LÍDER

Balto era el más viejo de la manada. Un perro grande, de pelaje gris amarillento, con zonas ya despobladas por los años y unos ojos que parecían haber visto no solo el paso del tiempo, sino también aquello que queda fuera de él. Caminaba despacio, como si cada pisada fuera una conversación íntima con la tierra. No había prisa en su cuerpo, pero tampoco había descanso. Balto no era un perro cansado, era un perro consciente.

Había vivido lo suficiente como para ver pasar generaciones enteras de jóvenes impetuosos, llenos de fuerza, que corrían sin mirar atrás, ladraban para escucharse y competían para que otros los vieran. Los observaba sin juicio, sin envidia, pero con la ternura de quien sabe que la velocidad no siempre lleva al destino. Balto había aprendido que la vida no es ir más rápido, sino ir más lejos.

Ellos, los jóvenes, corrían. Él, en cambio, ya había aprendido a detenerse. A detenerse para observar, para recordar, para compartir y, sobre todo, a detenerse para mirar al horizonte.

Ese horizonte era distinto para cada perro. Algunos lo confundían con el final del camino; otros, con el lugar al que debían llegar cuanto antes; varios ni siquiera lo miraban, de puro miedo a entenderlo. Pero solo Balto parecía tener claro que el horizonte no era un sitio, sino un espejo. Un lugar desde donde decidir cómo caminar.

Nunca había contado su historia, pero todos la intuían. Se decía que no había nacido allí, sino mucho más al norte, en territorios blancos donde la nieve se tragaba el sonido, el hambre era hilo fino, y los perros no tenían nombre, sino propósito. Que había tirado de trineos cargados de vida, llevando medicinas entre montañas heladas, siendo héroe sin público. Que había visto morir a los suyos bajo el hielo que cruje como un secreto roto. Que había cargado responsabilidades que ningún perro debería haber conocido. Que, incluso cuando el mundo lo aclamó, él no se dejó domesticar por los aplausos.

Pero Balto guardaba silencio. No era un silencio triste, sino lúcido. Había entendido que algunos relatos solo se cuentan con los ojos, porque al pronunciarlos se vuelven presunción. Y él solo los guardaba para quien los supiera leer.

Por eso no competía. No ladraba más alto que los demás, no empujaba para ocupar el primer puesto, no mostraba los dientes para hacerse respetar. Con los años había comprendido una verdad rara y simple: la autoridad que se impone dura un rato, la que se inspira, toda la vida.

Una tarde fría, al caer el sol, cuando el cielo encendía esos rojos que parecen incendiar el alma, los perros jóvenes se agruparon a su alrededor. No buscando instrucciones, sino algo más difícil: querían aprender a mandar sin gritar, a influir sin someter, a ser respetados sin exigirlo.

Balto los miró uno a uno. No vio cachorros. Vio futuros líderes, pero también futuros tiranos. Porque él sabía que todo líder está a dos decisiones de convertirse en su propia caricatura.

Entonces suspiró. Ese suspiro que solo hacen los sabios cuando comprenden que la verdadera enseñanza no cabe en una frase, sino en una historia. Y comenzó a hablarles, no desde la cima de su experiencia, sino desde la herida de su memoria.

Les habló del hielo que no perdona el primer paso mal dado, de los silencios que son más peligrosos que los lobos, del cansancio que se hace insoportable cuando no se comparte, de la mirada de un cachorro que no necesita órdenes, sino ejemplo. Les habló de la responsabilidad que pesa más cuando nadie está mirando. De cómo a veces el liderazgo no es decir «síganme», sino «estoy aquí, incluso cuando no me veáis».

Y dijo algo que ninguno olvidaría:

«Ser líder no es estar delante. Es ser el primero en escuchar el rugido del río que corre bajo el hielo cuando todos festejan en la orilla. Es avanzar ligero cuando los demás están pesados por dentro. Es confiar cuando casi nadie se atreve. Y es, sobre todo, cuidar lo invisible: la esperanza, la ilusión, la compañía».

Los jóvenes se quedaron en silencio. Porque los perros —como los hombres— a veces ladran para evitar escuchar. Pero, solo a veces, se callan cuando el sabio habla. Ese fue uno de esos momentos.

Esa noche, antes de dormir, Balto miró una vez más al horizonte. Ya no preguntaba cuánto le quedaba; solo se preguntaba qué estaba dejando. Sabía que pronto ya no estaría allí para guiar a la manada. Sabía que otros llenarían su lugar, correrían más rápido, ladrarían más alto, tal vez más fuerte que él. Pero confiaba en que recordaran una cosa:

Que los pasos no se miden por su velocidad, sino por la huella que dejan en quienes vienen detrás.

Y así, cuando la luna se alzó sobre el valle helado y la noche lo reclamó con su abrazo sin ruido, Balto cerró los ojos sabiendo que había enseñado lo único que no podía morir:

Que se lidera cuando se acompaña.
Que se manda cuando se inspira.
Que se enseña cuando se sirve.
Que se deja huella cuando se camina con alma.

Y que, mientras haya tan solo un perro capaz de mirar lejos, muy lejos, sin perder la calma, la manada nunca caminará sin destino.

Esta es su historia. Y si ya has llegado hasta aquí, acaso también —sí— es la tuya.

CAPÍTULO I

LA MIRADA DEL HORIZONTE

El amanecer siempre llegaba igual al claro del bosque: lento, silencioso, sabio. Primero, una bruma ligera que se derramaba entre los troncos, apagando los colores y volviéndolo todo algodón. Después, una claridad incierta, como si la luz no viniera del cielo, sino del suelo mismo que respiraba. Y finalmente, cuando los primeros rayos rompían la línea del bosque y los copos de hielo empezaban a brillar como cristales, la manada despertaba.

Salvo uno. Balto ya estaba despierto mucho antes de que amaneciera. Nunca dormía del todo. No porque el sueño lo esquivara, ni porque el frío le helara la piel —había convivido con el frío como se convive con un recuerdo—, sino porque había aprendido que cada amanecer es una pregunta. Una que no se responde corriendo. Una que solo se entiende si se mira lejos.

Alzado sobre sus patas aún firmes, Balto caminaba hasta la frontera donde la nieve dejaba de ser suelo y parecía aire detenido. Desde allí inspeccionaba lo invisible: el filo entre lo que es y lo que podría ser. Sus ojos, opacos por los años, seguían leyendo señales que otros ya no veían: el rastro del zorro que había cambiado de ruta, el crujido más seco de los árboles que anunciaba escasez, la forma en que el viento modulaba su queja cuando venía desde el norte.

Los jóvenes no entendían esa mirada.

—¿Por qué no descansas, Balto? —preguntó Orejas, el más inquieto, acercándose a su lado aún con las patas temblando de frío—. El sol está lejos y la noche no se ha ido.

Balto no respondió enseguida. Las palabras, como los caminos, podían confundir si se pronunciaban demasiado rápido.

—Porque cada mañana enseño a la manada a mirar más lejos de lo que tiene delante —respondió al fin.

Orejas ladeó la cabeza. Veía el mismo paisaje, pero no veía lo mismo. Pensaba en la caza del día, en las risas entre los jóvenes, en sentir sus patas veloces sobre la nieve. Pensaba, como tantos, que vivir era lo que pasaba «ahora». Balto sabía que vivir era saber por qué pasaba.

—Míralo así —prosiguió—: si solo ves lo que pisas, solo caminarás. Si ves lo que está más allá, podrás guiar.

El joven frunció el ceño, como intentando atrapar la idea antes de que se evaporara en la bruma. Se preguntó si alguna vez lograría ver algo allí adelante, más allá del hielo, que no fuera hielo.

—¿Y si miro lejos... y no veo nada? —se atrevió al fin.

Balto lo miró con una mezcla de ternura y gravedad.

—Entonces te estarás viendo a ti mismo antes de saber quién eres.

Un silencio denso quedó entre los dos. No era incomodidad, sino espacio. Balto sabía que toda auténtica enseñanza necesita aire para crecer. Y ese aire llegó, como si la nieve misma callara para escucharlo.

Los demás jóvenes se acercaron poco a poco. Algunos bostezaban, otros aún no entendían por qué estaban allí. Pero todos miraban a Balto de una forma distinta a como miraban al resto de la manada. No era devoción. Era la intuición de algo que todavía no tenía nombre: autoridad sin mandato.

Balto alzó la mirada hacia el horizonte, hacia ese lugar sin contorno al que solo se accede sin mover los pies. Dentro de su pecho, una corriente caliente volvió a brotar: ningún liderazgo se sostiene sin horizonte. Ninguna manada avanza sin visión. Ninguna vida perdura sin un propósito mayor que el hambre del día.

Un recuerdo que no contaba

Pocos lo sabían, pero Balto no siempre fue quien era. Hubo un tiempo en que él también corría sin pensar, solo por el gusto de sentir el viento. Un tiempo en que solo competía, solo ganaba, solo empujaba. Vivía como si la fuerza bastara para abrir cualquier camino, como si no hubiera caída posible para quien siempre llega primero.

Pero no era así. Perdió mucho por no saber mirar lejos. Perdió vidas que había prometido proteger. Perdió compañeros que confiaron en su instinto. Perdió tiempo, que es siempre lo más sagrado. Desde entonces, cada amanecer era una forma de pedir perdón a los que ya no estaban. No un perdón que se dice, sino uno que se vive.

Nunca habló de ello. No hacía falta. Su forma de caminar era ya una lección silenciosa.

El día que cambió el bosque

Esa mañana, sin embargo, algo era distinto. El viento sopló de una manera más irregular. El cielo no se abría en tonos naranjas, sino en un gris sospechoso. Había una quietud en el aire que no pertenecía al frío ni al descanso. Era la quietud de lo que no debería estar callado.

Balto olió el aire con más cuidado. La humedad traía un rumor nuevo: escasez. El territorio que habían cazado durante años estaba cambiando. Menos presas. Más competencia. Y al norte, el invierno sería cruel. El lago empezaba a helarse, pero aún no era seguro. Tenían que decidir si esperaban… o avanzaban.

Fue entonces cuando Luna, la hembra más respetada tras Balto, se acercó:

—Habrá que elegir, Balto —dijo con la voz templada—. ¿Seguiremos hacia las montañas… o buscaremos el valle?

Balto no respondió enseguida. Sabía que su decisión no sería solo para hoy. Era para la manada que él ya no vería crecer. Y lo que se elige para el futuro, pesa doble en los viejos.

Miró a los jóvenes.

Miró el horizonte.

Y por un instante, juró que vio más allá de la nieve.

—Hoy aprenderéis —dijo con voz grave— que no hay manada sin rumbo ni líder sin horizonte.

Y los jóvenes se irguieron, sin saber exactamente por qué, como si algo antiguo en sus huesos despertara al oír esas palabras.

Así comenzaba la travesía. Una que no era solo por el bosque, sino por dentro de cada uno. Porque no hay viaje más decisivo que el de saber hacia dónde dirigir el alma.

Esa mañana, la escarcha del bosque no solo congelaba el suelo. También revelaba el peso de las decisiones que aún no se habían tomado.

Lectura para directivos

El liderazgo empieza donde termina el horizonte.

«El que solo mira el suelo solo sabe caminar. El que mira el horizonte aprende a guiar».

En la historia del capítulo I, Balto no actúa como el típico líder carismático que ordena o dirige desde arriba. Su autoridad nace de la capacidad de mirar más allá de lo evidente. De conectar el día de hoy con el mañana. De vivir con una memoria que no paraliza, sino que orienta. Es una enseñanza profundamente humana, pero también profundamente organizativa.

En las empresas y organizaciones modernas, cada equipo y cada líder vive un dilema semejante al de la manada:

¿Vamos a reaccionar a lo que ya es visible, o vamos a prepararnos para lo que todavía no se ve?

Los líderes que solo gestionan el presente se convierten en administradores de lo inmediato. Los que gestionan con perspectiva conectan la ejecución con el propósito. Hacen del corto plazo una etapa dentro de un camino que tiene dirección.

Tres lecciones del horizonte para líderes y empresas

Un líder no se define por lo que decide, sino por desde dónde decide. La visión no es un atributo técnico, sino moral. Ver lejos es ver a los demás dentro del futuro. Balto no mira el bosque: mira la manada dentro del bosque.

El horizonte nunca es un sitio, sino una consecuencia. Una empresa sin misión clara puede tener buenos números, pero no dejará huella. Es la diferencia entre crecer y trascender.

Todo liderazgo se quiebra cuando deja de saber escuchar. Escuchar no es oír lo evidente. Es traducir silencios, detectar señales, dar espacio a lo que otros no miran.

Preguntas para el lector-líder

¿Qué parte de mi liderazgo está orientada solo al hoy?

¿Me esfuerzo por ser escuchado o por escuchar antes de decidir?

¿Qué hago cada día para que el futuro llegue con menos incertidumbre para los demás?

Porque liderar no es estar delante. Es ser el primero en ver lo que los otros aún no miran.

CAPÍTULO II

LA MANADA QUE APRENDE
A MOVERSE COMO UNA

La primera nevada no avisó. Cayó silenciosa, como si el cielo hubiera decidido recordarles de pronto lo que significa depender del mundo. No hubo viento ni tormenta previa. Solo una mañana en la que todo el bosque se había vuelto blanco, como si el suelo hubiera olvidado su propio color. Los árboles crujían bajo el peso de aquella nueva piel. Las huellas antiguas quedaron borradas.

Pero había algo más que nieve en el aire: una urgencia que solo los viejos podían oler.

El alimento comenzaba a escasear y el invierno prometía ser largo. Balto lo sabía. El territorio que había sostenido generaciones de lobos y perros salvajes estaba cambiando. El río que antes fluía libre ahora había empezado a dormirse bajo un cristal de hielo. Las presas cavaban más hondo. Y una manada no debe esperar a tener hambre para empezar a moverse.

Debían buscar el sur. Y pronto.

La decisión

Pero había un dilema. Para alcanzar los nuevos territorios, tendrían que atravesar un lago helado. Era la ruta más corta. Si lo cruzaban, la travesía podría ser soportable, incluso para los más viejos. Si daban la vuelta rodeándolo, perderían días, tal vez semanas. Y sin comida, las semanas no existen: solo la debilidad.

Aquella mañana, Balto reunió a la manada bajo un grupo de abedules robustos que parecían haber arraigado en la nieve como si siempre hubiera estado allí. El círculo que formaron los cuerpos sobre la escarcha no era solo una reunión: era una promesa. Quien escucha al grupo antes de decidir, ya ha dado el primer paso para salvarlo.

Fue Manchas quien habló primero. Joven, fuerte, impetuoso. El tipo de perro al que el mundo parece esperar con la boca abierta, como si la vida le fuera a decir que sí sin pedir nada a cambio.

—Si cruzamos ahora —dijo con firmeza—, antes de que la nieve se acumule y oculte las grietas, podremos ver dónde pisamos. Los fuertes ayudaremos a los débiles. Llegaremos al sur antes de que el invierno golpee más fuerte. ¿Qué puede salir mal?

Manchas no lo decía con soberbia, pero tampoco con prudencia. Era sincero. Creía tanto en la fuerza del cuerpo como en la idea de que el mundo premia a quienes se mueven rápido. Y en su lógica, parecía no haber error. Pero a veces la lógica solo sabe de pasos, no de consecuencias.

Tila, una de las veteranas, observó el lago sin apartar la vista. Su pelaje era oscuro y espeso, pero sus ojos tenían el brillo de quienes han sabido sobrevivir más por cabeza que por garras.

—Mucho puede salir mal —respondió con voz grave—. El hielo aún es joven. Parece sólido, pero no ha tenido tiempo de hacerse fuerte. Puede estar quebrado por dentro y aun así engañar al ojo. Si uno se hunde, el agua helada lo reclamará para siempre.

Un murmullo de inquietud recorrió el círculo. No era miedo lo que se sentía, sino una vibración más profunda: la comprensión. No todos sabían de hielos, pero todos sabían de pérdidas.

Fue entonces cuando Balto habló. Pero no lo hizo para mandar. Lo hizo para recordar.

—Una manada —dijo— no avanza según la fuerza del más rápido. Avanza según la resistencia del hielo que sostiene a todos. No necesitamos correr. Necesitamos decidir cómo cruzar sin que nadie quede bajo el agua.

Balto miró a Manchas. No lo juzgaba. Lo instruía.

—La fuerza te hará avanzar. Pero solo la visión te permitirá llegar.

Manchas bajó la mirada. Sentía el frío bajo las patas, pero no era el hielo lo que lo atravesaba. Era una nueva forma de entender quién era.

—Entonces… no se trata solo de llegar rápido —dijo, casi para sí mismo.

—No —respondió Tila con suavidad—. Se trata de llegar todos.

Las palabras no se grabaron solo en los oídos. Se grabaron en la piel.

El cruce del lago helado

No hubo un solo líder. Hubo un plan. Los más fuertes cargarían con los alimentos y herramientas. Los más ágiles irían al frente, buscando grietas. Los mayores marcarían el ritmo. Los jóvenes obedecerían a quien supiera más. Y todos caminarían como si fueran uno solo, no por mandato, sino por necesidad.

Pero eso no fue lo más difícil. Lo más difícil fue hacerlo sin olvidar por qué avanzaban juntos.

El lago era inmenso. Su superficie se extendía hacia el horizonte como un espejo uniforme, sin rugosidades, sin ondulaciones. Un engaño perfecto para quien mira solo lo evidente. Pero debajo dormía un mundo que podía despertar con un crujido.

El primer paso lo dio Balto. Y no fue una zancada heroica ni un gesto explosivo. Fue un movimiento lento, cargado de escucha. Colocó la pata derecha con el peso justo, midiendo la vibración bajo sus almohadillas. Luego la izquierda. Y avanzó.

Los demás lo siguieron en un ritmo casi ritual:

Uno, dos.
Silencio.
Tres, cuatro.
Respirar.

Las patas dejaban marcas ligeras, casi respetuosas. El suelo respondía con una quietud tensa. No era tierra: era cristal. Un cristal joven que aguantaba el invierno como un niño aguanta una historia que todavía no entiende.

En el centro del lago, una grieta sonó como un latido roto. El hielo se quejó, grave, como una voz subterránea que avisa de que algo está tensándose. Manchas, que iba tres pasos detrás de Balto, se detuvo en seco. Nunca había sentido un miedo tan silencioso.

—Ahora no es cuestión de fuerza —dijo Balto sin girar la cabeza—. Es cuestión de escucha.

Y todos bajaron el ritmo, como si cada músculo obedeciera a esa frase sin haberla aprendido antes. Era la primera vez que la manada no avanzaba mirando el frente, sino escuchando el suelo.

No avanzaron deprisa. Pero avanzaron juntos. Y cuando finalmente alcanzaron la orilla, no hubo estallidos de alegría ni aullidos de triunfo. Solo un suspiro colectivo, uno que decía lo que nadie necesitaba decir: estamos vivos porque fuimos uno.

La enseñanza del fuego

Esa noche, bajo la sombra de los pinos del sur, la manada reposó en tierra firme. Las patas, que horas antes sostenían vida sobre un cristal incierto, ahora se hundían en el suelo con la gratitud de quien vuelve a entender que vivir no es sobrevivir: es recordar cómo se hace.

Las hogueras no eran comunes entre los de su especie, pero Balto quiso encender una pequeña. No porque necesitaran calor, sino porque el fuego revela lo que la oscuridad oculta.

—Una organización fuerte —dijo mientras las llamas danzaban— no es la que llega más lejos. Es la que cuida más vidas. No hay futuro si uno se hunde mientras otro avanza. O llegamos juntos, o no llegamos.

Manchas levantó la mirada. Ya no era el mismo perro que había hablado al amanecer.

—Gracias… por no dejarme correr —dijo con una voz nueva.

Balto sonrió apenas.

—Gracias por aprender a caminar.

Y en esa frase, el joven entendió algo que ya no olvidaría: que hay días para correr solo y días para avanzar con todos. Y esos últimos eran los que cambian el mundo.

La manada durmió tranquila. No por haber cruzado un lago. Sino porque, por primera vez, habían entendido cómo se mueve una manada que se sabe una sola piel.

Lectura para directivos

La fuerza no cambia nada si no llega con todos

«La diferencia entre avanzar y progresar es sencilla: en lo primero basta con moverse; en lo segundo, hace falta que nadie quede atrás».

Este capítulo muestra algo que en las organizaciones humanas se olvida con demasiada frecuencia: que no hay éxito posible cuando se sacrifica a uno para que lleguen otros. Y, sin embargo, muchas decisiones corporativas se toman bajo la ilusión de que la velocidad es progreso, que ser el primero es ganar, que el mercado solo premia a los rápidos.

Pero las manadas y las empresas que sobreviven no lo hacen porque tengan líderes veloces. Lo hacen porque tienen liderazgos que piensan en términos de «todos». Que organizan el avance no como una carrera, sino como una construcción colectiva. Que saben que la eficiencia real no se mide en beneficios inmediatos, sino en cuántos pueden seguir avanzando mañana.

Tres aprendizajes clave del capítulo

La fuerza individual no es sostenible. Manchas representa la fuerza sin visión. Puede cargar más peso, correr más rápido, pero no puede sostener solo una decisión colectiva. En las organizaciones, los «profesionales estrella» no sirven para nada si el resto del equipo no puede confiar en ellos.

Los roles no son jerarquías, son interdependencias. Una buena manada organiza al fuerte, al ágil, al veterano y al joven no según méritos, sino según función. Esto no es solo liderazgo: es diseño organizativo.

La escucha es la habilidad más infravalorada de un líder. En el hielo, el poder está en oír lo que no se ve. En las empresas, lo mismo: lo que se rompe casi siempre avisa antes… si alguien está dispuesto a escuchar.

Preguntas para líderes

¿Quién está corriendo solo en mi equipo y por qué lo permito?

¿Qué tanto valoramos la rapidez frente al ritmo compartido?

¿Tenemos un plan o solo un objetivo?

¿Qué «hielo» estamos cruzando sin medir su resistencia real?

Llegar primero no es un logro. Llegar todos es un legado.

—Balto.

CAPÍTULO III

LAS PREGUNTAS QUE ABREN EL CAMINO

El sol se alzaba tímidamente entre los árboles; atravesaba las ramas como lanzas doradas que no daban calor, solo dirección. La tierra estaba húmeda bajo las patas, como si la noche hubiera dejado un sudor espeso sobre el suelo. Y allí estaba la manada, reunida en torno a Balto, mirando tres caminos que se abrían frente a ellos como tres posibilidades, o tres advertencias.

La travesía del lago helado había terminado con éxito. Pero aquello no había resuelto el viaje: apenas lo había empezado. Aún quedaba alimento, pero no de sobra. Aún había fuerza, pero no sin fatiga. Aún había esperanza, pero no sin preguntas.

Era mediodía y el aire parecía suspendido. Balto se sentó en el centro del claro, no como quien ocupa el centro del poder, sino como quien ocupa el centro de la escucha. A su alrededor, los miembros de la manada miraban lo que él miraba: tres rutas posibles.

—¿Qué queremos conseguir? —preguntó Balto en voz baja, señalando con el hocico el camino más despejado.

Manchas fue el primero en responder, todavía con las pulsaciones de la juventud latiendo en su pecho.

—Queremos llegar al sur lo antes posible. Allí no nieva tanto. Habrá caza, calor… vida.

—Eso es un destino —dijo Balto con suavidad—. Pero no todavía un propósito.

Las palabras cayeron en la tierra como semillas. Nadie las discutió, pero tampoco nadie sabía bien qué significaban del todo.

Tila dio un paso hacia delante. Su pelaje estaba cubierto de pequeños cristales de escarcha que no se derretían al contacto con el aire. Había algo sereno y profundo en su voz:

—Un propósito no es un lugar —dijo—. Es lo que pasa con nosotros mientras llegamos a ese lugar. Es lo que nos convierte en mejores cuando lo alcanzamos.

Un silencio vibrante invadió el claro. Era ese tipo de silencio que no pide descanso, sino pensamiento.

Balto asintió levemente, agradecido. Y siguió:

—¿Quién va a hacerlo posible? —prosiguió—. ¿Quién irá al frente, quién cuidará la carga, quién vigilará, quién guiará a los más jóvenes?

Nadie respondió de inmediato. Algunos bajaron la mirada. Otros levantaron la cabeza. No había respuestas fáciles. Porque Balto no estaba preguntando por un camino. Estaba preguntando por su destino como manada.

—Una manada —añadió— no es una sola voz. Es una red de responsabilidades que se unen. Lo que no podemos hacer es pensar que el líder lo decide todo mientras los demás solo caminan en silencio.

Humo, uno de los más jóvenes, al que aún se le notaba temblor en las patas cuando el viento los cruzaba, levantó ligeramente la mirada. Había sido siempre el que más necesitaba apoyo, el que más dudas cargaba. Ahora escuchaba con el asombro de quien no había entendido que él también tenía un papel más alto que seguir: tenía que aprender a ser seguido algún día.

Pero fue entonces cuando Balto pronunció la pregunta más difícil:

—¿Cuándo avanzar?

Manchas frunció el ceño. Tila cerró los ojos. Luna se acomodó sobre las patas delanteras, atenta. No era una pregunta trivial. Era tal vez la pregunta más importante de cualquier decisión que cambia el rumbo de los que dependen de uno.

—La prisa sin sentido —dijo Balto— es la hermana del cansancio. Pero la espera sin rumbo es la madre del miedo.

El viento sopló entre los árboles, como si quisiera arrastrar esa frase para que quedara grabada en todos los troncos del valle. La manada no la olvidaría. Ni su lector tampoco.

Entonces, ocurrió algo curioso. Balto no habló más. No dio orden. No señaló la ruta que iba a tomar ni pidió opinión. En vez de eso, clavó la pata derecha en la tierra húmeda y con los movimientos lentos y precisos de quien no quiere llamar la atención, empezó a trazar símbolos en la tierra.

Primero, la posición del sol, aún bajo, pero firme al este.

Luego, una línea marcando el flujo del agua del deshielo.

Después, un círculo alrededor de los tres caminos posibles.

Y, finalmente, un punto.

El punto era donde estaban. Una marca pequeña y oscura en la superficie de la tierra.

Y dijo:

—¿Dónde estamos realmente?

Sus ojos parecían anclar esa idea como quien ata un barco para que no se lo lleve la corriente del río.

—Nadie puede dirigir bien —continuó— si no sabe primero dónde está parado. Las ilusiones y los deseos no son brújulas. La realidad, aunque duela, siempre lo es.

Esa frase hizo temblar algo invisible, algo que no era viento ni frío: la conciencia de ser responsables no solo de avanzar, sino de entender.

—Y, por último —dijo Balto, mirándolos a todos uno a uno—, la pregunta que lo sostiene todo: ¿por qué?

Esa palabra se quedó suspendida entre ellos. No cayó al suelo. No subió al cielo. Se quedó allí, flotando, esperando entrar en quien supiera sostenerla.

—Si no sabemos por qué hacemos algo —continuó Balto—, ninguna ruta servirá. Si lo hacemos por miedo, nos perderemos. Si lo hacemos por orgullo, nos heriremos. Pero si lo hacemos porque juntos somos más fuertes, entonces no habrá obstáculo que nos detenga.

La manada no miraba ya los caminos. Se miraban a sí mismos. Sin haberlo decidido aún, todos habían avanzado. No hacia el sur, sino hacia dentro.

Ese día, el viaje todavía no avanzó. Pero la manada sí.

Lectura para directivos
. . . .

Las buenas decisiones no empiezan en el mapa, sino en las preguntas. «No lidera quien responde primero. Lidera quien se atreve a formular la pregunta que todos evitan».

El capítulo III nos muestra algo decisivo en el liderazgo moderno: que avanzar no siempre es la mejor manera de moverse. Y que las decisiones estratégicas —en la empresa, en la política, en la vida— no se construyen desde la certeza, sino desde la capacidad de sostener buenas preguntas.

En las organizaciones, la presión por decidir rápido es habitualmente vista como un valor. «Decidimos porque somos ágiles», «no dudamos», «vamos hacia delante». Pero lo que suele quedar sepultado bajo ese discurso es algo esencial: la prisa mata la perspectiva. La pausa, cuando es intencionada, crea liderazgo.

Tres errores que cometen los líderes que deciden sin preguntar

Confundir destino con propósito. Como Manchas, muchos directivos saben «a dónde quieren ir» (más cuota, más ventas, más clientes), pero no han entendido aún por qué quieren llegar allí. El «sur» solo es un destino. El propósito es lo que sostiene a la organización cuando el camino se complica o deja de ser evidente.

Tomar decisiones desde la soledad del poder. Pensar que la responsabilidad de decidir recae en uno solo es una forma segura de desconectar al resto del equipo. Un equipo es un cuerpo social, no una suma de subordinados. Lo que Balto hace no es consultar. Es involucrar.

Confundir movimiento con progreso. Hay empresas que nunca se detienen. Que se reorganizan constantemente. Que corren a todas partes, sin mirar si el suelo que pisan está firme, o si el equipo ha quedado atrás. Y se fracturan no por falta de eficiencia, sino por falta de pausa.

Tres preguntas que todo líder debería hacerse antes de decidir

¿Dónde estamos realmente?

No: «¿Dónde queremos estar?». Sino: ¿dónde estamos? ¿Qué nos pesa? ¿Qué no estamos viendo? ¿Qué parte de la realidad nos duele tanto que preferimos ignorarla?

¿Quién tiene la responsabilidad de este avance?

No todo lo que depende del líder debe ser cargado por el líder. La distribución del trabajo, de los roles, de los miedos y de las certezas es parte esencial del liderazgo sostenible.

¿Por qué vamos?

Esta pregunta parece filosófica. Pero, en su ausencia, las organizaciones se vuelven maquinales, obedientes, muertas. Sin un porqué vivo, cualquier ruta acaba por parecer igual de vacía.

Para pensar (y no huir de la respuesta)

¿Tomas decisiones porque entiendes dónde estás o porque tienes miedo de quedarte quieto?

¿Escuchas para responder o para comprender?

¿Tu equipo sabe qué está en juego o solo sabe que tú quieres que «avancen»?

Porque a veces la verdadera decisión no es moverse hacia delante, sino saber por qué todavía no debemos movernos.

CAPÍTULO IV

LA SENDA DEL RECONOCIMIENTO

Habían pasado tres lunas desde que la manada de Balto comenzó su viaje hacia el sur. No era un tránsito rápido, ni fácil, pero había sido necesario para que todos, incluso los más jóvenes, entendieran que el rumbo no solo se decide con pasos firmes, sino con cabezas despiertas.

Los días habían sido fríos, pero la marcha mantenía vivo el calor de los cuerpos. El bosque se había vuelto más amable a medida que avanzaban: los troncos ya no estaban cubiertos de hielo y el aire olía menos a riesgo y más a posibilidad. Aun así, el invierno seguía en sus huesos y el cansancio empezaba a hacer huella. Había fuerza, sí. Pero también fatiga.

Una tarde luminosa, mientras la luz peleaba por llegar hasta el suelo, la manada encontró un arroyo estrecho y rítmico que argumentaba contra el silencio con su canto suave entre piedras musgosas. Allí Balto decidió detener la marcha. Hacía días que notaba una tensión silenciosa entre algunos miembros de la manada. Era tiempo de descanso, pero también de observación.

Lira —una perra joven, de mirada serena y paso medido— caminaba siempre al lado de los cachorros. No cazaba, ni era ágil como Manchas, ni tenía la fortaleza exuberante de Hielo, ni la vejez sabia de Tila. Pero Lira cuidaba de la retaguardia como si fuera la única parte del viaje que importaba.

«Sólo las patas jóvenes ven el suelo», solía pensar Balto cuando la observaba. Nadie le pedía a Lira que lo hiciera. Simplemente, lo hacía. Su paciencia era firme, no sumisa. Su voz era calma cuando el viento se volvía impetuoso y los cachorros se dispersaban. Y era su ritmo —firme, preciso, leal— el que medía cuánto podía avanzar la manada sin desgarrarse.

Pero algunos no veían eso.

Esa tarde, mientras algunos bebían agua fría del arroyo, Hielo —un perro joven, pero fuerte, cazador hábil y devoto de la velocidad— gruñó al verla detenerse otra vez.

—¡No podemos seguir frenando por los más lentos! —bufó, con un tono de irritación que arrastraba no solo cansancio, sino orgullo—. Si los cachorros no pueden con nuestro ritmo, es su problema.

Las palabras de Hielo cayeron como piedras en el agua. Enmudeció el murmullo del arroyo. El viento dejó de agitar hojas. Manchas dejó de masticar una rama seca y giró la cabeza. Tila, la vieja perra de ojos de plata clavó su mirada en Hielo con una calma que precede a la enseñanza.

Fue Balto quien habló, sin moverse de su sombra:

—¿Acaso quieres una manada de corredores sin raíz? —preguntó con suavidad—. ¿Una en la que cada uno solo mire su propio paso, sin ver el de al lado?

Hielo frunció el ceño. No sabía qué responder. Pero tampoco estaba dispuesto a retroceder. Él sentía la carga de lo necesario, el deber de sostener a quienes cazaban, la fatiga real de quien da más de sí día tras día. Su error no era la fuerza. Era la ceguera.

Entonces, Tila se acercó, caminando lentamente, como quien quiere que el suelo la escuche también:

—Lira no lidera la caza —dijo Tila—. Pero enseña a los nuevos a no perderse. Y tú cazas bien porque hay alguien detrás que mantiene la calma en la retaguardia. ¿Qué crees que pasaría sin ella? ¿Quién cuidaría de aquellos a los que tú no ves?

Hielo agachó la cabeza, abatido. Porque era verdad: su habilidad solo brillaba gracias a que alguien más cuidaba del resto. La fuerza sin cuidado se convierte, primero, en presunción y, más tarde, en ruina.

Balto se levantó y se colocó entre ambos.

«El respeto es un puente que se cruza desde los dos lados».

—No importa si cazas o enseñas; si corres al frente o sostienes al que se cae. Sin el uno, el otro no existe. No olvidemos nunca que la manada es más que la suma de sus patas. Es también la unión de sus intenciones.

Lira tenía esa capacidad poco visible y, sin embargo, imprescindible: recordar al grupo que antes de ser una expedición seguían siendo individuos. Que no eran únicamente huellas avanzando sobre el hielo ni cuerpos obedientes a un ritmo marcado, sino voluntades frágiles, cansadas, necesitadas de sentido. Su buen humor no era evasión ni ligereza; era una forma discreta de resistencia. No negaba el riesgo ni lo minimizaba, pero lo hacía habitable.

Cuando el cansancio empezaba a endurecer los gestos y la exigencia amenazaba con volverse áspera, Lira encontraba la manera de suavizar el clima sin romper la concentración. Una palabra justa, una ironía leve, una observación que devolvía perspectiva. No aceleraba el camino ni corregía la ruta, pero evitaba algo más peligroso: que el esfuerzo los enfrentara entre sí, que el miedo se filtrara como desconfianza.

Mientras Hielo cuidaba el rumbo con la precisión de quien sabe que desviarse es fatal, Lira cuidaba el ánimo con la paciencia de quien entiende que nadie llega lejos si por dentro ya se ha quedado atrás. Y aunque ese trabajo no siempre se mide en metros recorridos ni en minutos ganados, el grupo avanzaba mejor cuando alguien se ocupaba de que cada uno siguiera caminando acompañado, incluso en silencio.

Ese día, la manada no avanzó más. Pero aprendió más.

Se dieron cuenta de que todos tienen una tarea y, cualquiera que sea, es parte de algo mayor. Y que la falta de respeto entre ellos no solo hacía ruido: destruía el ritmo. Un cazador sin quien prepare el terreno fracasa. Un guía que solo da órdenes y no observa qué sienten los suyos se queda solo en el bosque.

Al caer la tarde, ocurrió algo que ningún discurso podía haber logrado: Hielo caminó al final de la fila, protegiendo el ritmo de los cachorros mientras Lira guiaba el paso con firmeza discreta.

Ese simple gesto selló lo que la palabra solo había iniciado. El vínculo era ahora más profundo, más fuerte, más respirable. La manada era un poco más manada que antes.

Balto lo observó en silencio. Y pensó:

«No hay cargos pequeños, solo miradas estrechas».

Lectura para directivos
. . . .

No hay cargos pequeños, solo miradas estrechas.

«Las organizaciones se rompen cuando los que hacen se creen más que los que sostienen».

Este capítulo deja al descubierto una verdad incómoda en cualquier organización humana: que solemos confundir valor con visibilidad. Lo que luce, lo que brilla, lo que corre delante, eso es lo que se celebra. Pero sin quienes sostienen, sin quienes acompañan, sin quienes enseñan, sin quienes recogen los pedazos, las coronas no pesan: aplastan.

Lira no cazaba. No tomaba decisiones estratégicas. No era la más fuerte ni la más veloz. Pero hacía algo que la mayoría pasaba por alto: hacía posible que otros hicieran lo que mejor sabían hacer.

Y eso —en cualquier empresa, líder o equipo— lo cambia todo.

Tres errores frecuentes en culturas organizativas

Premiar la visibilidad, olvidar la contribución silenciosa. Lo que se mide es lo que se valora. Pero lo que se ignora es lo que se pierde. Si solo se reconocen los resultados tangibles o cuantificables (ventas, capturas, cifras), la estructura empieza a tambalearse. Porque no todos los roles generan resultados directos. Algunos sostienen que esos resultados ocurran.

Creer que el liderazgo se ejerce solo desde arriba. Balto no mandaba en el sentido tradicional. No imponía, inspiraba. Pero Lira también lideraba, desde el cuidado. El liderazgo aparece allí donde alguien asume responsabilidad por otro, no solo donde alguien tiene autoridad sobre otro.

Despreciar el ritmo de los demás. Hielo no quería hacer daño. Quería avanzar. Pero no entendía que avanzar muy rápido puede romper más cosas de las que arregla. Una organización que solo corre no es una organización eficiente, es una organización ciega.

Tres claves para construir una cultura de reconocimiento real

Dignifica las tareas invisibles. ¿Quién prepara lo necesario para que tú puedas brillar? ¿Quién sostiene tu avance sin recibir crédito por ello? Si no lo ves, pregúntalo. Si lo ves, reconócelo. Y si lo reconoces, ponlo en valor delante de los demás.

Vincula éxito con equipo, no con roles individuales. El mérito real nunca es individual. Ni el fracaso lo es. Cuanto antes lo entienda la cultura, menos riesgo de caer en el ciclo de héroes inútiles y víctimas invisibles.

Haz del respeto un hábito, no un gesto puntual. El respeto no se regala. Se muestra. Se consagra en lo pequeño, en el tono, en la mirada, en el espacio que se deja para que el otro sea. Y como Balto enseña, «el respeto es un puente que se cruza desde los dos lados».

Preguntas para directivos y equipos
. . . .

¿Quién está haciendo un trabajo necesario, pero poco visible en tu equipo?

¿A quién admirarías más si te detuvieras a mirar de verdad?

¿Qué tarea «menor» sostiene hoy tu éxito «mayor»?

¿Qué historia se contaría de tu liderazgo si hablara Lira... y no tú?

Porque si algo demuestra este capítulo es que una organización madura no es aquella en la que todos aspiran a liderar, sino aquella en la que todos saben dónde lideran ya.

CAPÍTULO V
CUANDO EL PLAN NO CAMINA SOLO

El bosque abrazaba al cielo con ramas todavía desnudas y raíces aún firmes sobre la tierra. Lo hacía como si supiera que la primavera no siempre es un instante: a veces es una tregua. El aire era claro y, aunque algo más cálido que semanas atrás, el viento seguía trayendo consigo el eco del invierno reciente. La manada lo atravesaba con un propósito claro, aunque no siempre con la misma certeza.

Las noches ya no helaban hasta los huesos, pero la escarcha aún amanecía sobre las piedras lisas. Algunos días, los caminos parecían abrirse solos, anchos, respirables; otros, la hierba alta ocultaba senderos que solo parecían existir si les prestabas atención desde dentro. Tal como pasa con las decisiones difíciles en cualquier vida o empresa: están ahí, pero no todas se dejan ver a la primera.

Aquel día, la manada reposaba bajo un grupo de robles anchos como la memoria. Sus ramas no tenían hojas todavía, pero dejaban filtrar el sol con un orden natural. Algunos bebían del agua que corría entre las piedras; otros dormían con el cuerpo recogido, aun recuperando el aliento después de una travesía agotadora. Era una pausa merecida.

Balto estaba sentado en el centro, con la serenidad de quien escucha incluso cuando nadie habla. Observaba a cada miembro de la manada sin juzgar, intentando entender qué llevaban consigo: cansancio, deseo, orgullo, miedo.

Porque el liderazgo, para él, nunca fue decidir por los demás, sino estar dispuesto a verlos más allá de lo que dicen. Y de lo que callan.

Fue entonces cuando Milo se acercó.

Era un perro joven, delgado, de mirada vivaz y alerta constante. No era fuerte como Hielo, ni veterano como Tila, ni paciente como Lira. Pero era listo. Veía antes que los demás. No lo que estaba delante, sino lo que podría estar. Esa era su naturaleza: intuir posibles rutas antes de que el grupo se topara con ellas.

—He trazado un plan —le dijo, sin torpeza, pero con la mezcla justa de cautela y esperanza—. He recorrido el territorio más allá del arroyo seco. Hay una ruta hacia el sur que evitaría los riscos y nos daría agua cerca. Es más larga…, pero más segura.

Milo hablaba con rapidez, como si temiera que la idea se le evaporara si no la decía pronto. Su cola no se movía. Sus ojos querían demostrar que había pensado en todo, pero en el fondo vibraba algo más hondo: el deseo de ser escuchado.

Balto no lo interrumpió. Nunca lo hacía. El silencio era para él una herramienta de confianza, no de distancia.

Antes de que pudiera responder, una voz se levantó detrás de Milo:

—Ese camino no lo conocemos —dijo Sira, una perra alta, musculosa, curtida por inviernos pasados, y experta en recorrer grandes distancias sin perder la orientación—. Y si no sabemos dónde se esconden los límites, quizá terminemos perdidos. No necesitamos más ideas —añadió, casi con dureza—. Necesitamos dirección.

El silencio se tensó como cuerda húmeda. Milo bajó la cabeza. No era la primera vez que sus propuestas habían sido desestimadas por los veteranos. Y quizá por eso Balto habló en ese instante:

—Sira —dijo con suavidad—, tu olfato es memoria viva. Sabes encontrar el camino porque lo has recorrido. Pero Milo... ve las sombras que aún no existen. Ambos sois necesarios.

Hubo un leve cambio de aire entre los árboles. El viento pareció detenerse a escuchar.

Balto se giró hacia la manada, que los observaba en semi-círculo, y dijo algo que ninguno olvidaría:

—Hay quienes ven el objetivo. Y quienes ven el terreno. Ninguno llega al río sin el otro.

Milo levantó la vista, sorprendido. Sira parpadeó lenta-mente, pero no dijo nada. No era desautorización lo que Balto había dicho. Era algo mucho más difícil: integración. Y en sus ojos no había reproche, sino reconocimiento.

—Milo será quien trace las posibles rutas —continuó Balto—. Sira, quien evalúe las señales en tierra. Yo escucha-ré a ambos, pero será el grupo quien elija por dónde avanzar.

La tensión se deshizo, no porque la discusión hubiera ter-minado, sino porque había cambiado de forma. Ya no era «quién tiene razón». Era «cómo juntamos lo que ambos ven».

Una demostración inesperada

Esa noche, mientras dormían entre raíces firmes, algo ex-traño ocurrió: un sonido seco, cortante, como madera que quiebra, despertó a varios miembros de la manada. Era un roble cercano que había cedido bajo su propio peso, dejan-do caer una rama en dirección al río, justo donde Sira había dicho que no se debía pasar.

Nadie se hirió. Pero el mensaje era claro: lo que no se co-noce, puede ser más peligroso que lo que se teme.

A la mañana siguiente, Milo se acercó a Sira.

—Yo… no vi eso —admitió.

Sira bajó la mirada, algo contrariada. No le gustaban las disculpas ni los elogios. Pero dijo:

—Y yo no vi el agua que tú sí viste.

Ambos se quedaron quietos. A veces, el equilibrio no se construye con acuerdos, sino con miradas que aprenden a dejar de competir.

La vuelta de la pregunta

A partir de ese día, cuando surgía un dilema, ya no había solo ladridos cruzados o silencios incómodos. Había una pregunta que Balto hacía sin excepción:

«¿Lo pensaste o solo lo sentiste?».

Y cada vez que lo decía, el grupo sabía que no se trataba solo del plan, sino de la intención: ¿te escuchaste a ti o escuchaste al grupo? ¿Quieres avanzar o quieres que te sigan?

Porque pensar sin sentir es frío. Pero sentir sin pensar es ciego.

Así, paso a paso, la manada comenzó a escuchar no solo las pisadas, sino las intenciones detrás de cada una. Y entendieron que el rumbo no lo marca quien está delante, sino quien consigue que todos quieran seguirlo.

Lectura para directivos

Un plan no sirve si solo lo escucha quien lo traza. «La inteligencia estratégica consiste en ayudar al grupo a ver lo que uno solo no puede».

El capítulo V muestra algo fundamental para cualquier organización de hoy: la necesidad de integrar lo que se imagina con lo que se comprueba; lo que puede ser con lo que ya ha sido. Uno no reemplaza al otro. Se necesitan mutuamente.

Milo y Sira representan dos formas de liderazgo. Milo mira al futuro, imagina rutas, visualiza escenarios posibles. Pero corre el riesgo de perder suelo, de dibujar mapas en el aire. Sira conoce la tierra, percibe señales, recuerda inviernos que otros no vivieron. Pero corre el riesgo de confundir la experiencia con certeza infinita. Y Balto no elige. Integra.

Tres errores que destruyen equipos y organizaciones

Confiar solo en la experiencia. No hay peor enemigo de la innovación que el «siempre lo hicimos así». Lo conocido da seguridad, pero también limita. Sira representaba el riesgo de aferrarse demasiado al pasado, aun con argumentos válidos.

Confiar solo en la visión. No hay peor enemigo de la sostenibilidad que el entusiasmo sin contraste. Milo tenía ideas brillantes, pero sin Sira y su criterio táctico, esas ideas podían terminar en el lodo… o debajo de un roble caído.

Liderar desde el ego, no desde la escucha. Un líder que se enorgullece de decidir solo no lidera: gobierna. Y como enseña Balto, gobernar sin escuchar es caminar con los ojos vendados.

Tres claves para decidir bien…
sin perder el alma del equipo

Trazar con uno, validar con otro. Toda decisión importante debe pasar por dos filtros: el que abre posibilidades y el que previene riesgos.

Preguntar antes de imponer. Reemplaza «lo que yo digo» por «¿cómo lo ves tú?». No se renuncia a la dirección: se mejora la decisión.

Dar voz al desacuerdo útil. Si todos en la organización piensan igual, no todos están pensando. Quien disiente aporta perspectiva, si sabe cuándo y cómo hacerlo.

Para líderes que quieran ser Balto
. . . .

¿Quién es tu Milo y quién es tu Sira dentro del equipo?

¿Escuchas lo que no quieres oír… o solo lo que confirma tu intuición?

¿Cómo reaccionas cuando alguien trae una idea nueva? ¿La proteges? ¿La temes?

¿Sabes distinguir cuándo hace falta decidir y cuándo hace falta aprender?

Porque no lidera el que «sabe más», ni el que «manda mejor», sino el que consigue que otros quieran decidir con él.

CAPÍTULO VI

CUIDAR EL ÁRBOL PARA SALVAR EL BOSQUE

Era otra mañana fría. Ese amanecer, la escarcha no solo cubría el suelo. Se había colado también en los corazones de la manada. Algo invisible, pero real, serpenteaba entre ellos como una sombra silenciosa: la duda.

Llevaban días avanzando por montes lejanos. El sur estaba más cerca, pero el agotamiento también. Las provisiones se habían reducido. Las noches eran largas y el silencio, cada vez más presente. El invierno no solo traía hielo: también descubría grietas.

Todos lo sentían, pero nadie lo decía. Hasta que Balto, que nunca caminaba al frente por casualidad, notó algo que le preocupó profundamente.

Tuso —el perro de pelaje oscuro y ojos inquietos— no avanzaba como antes. No era solo cansancio. Era algo más profundo, como una renuncia lenta, casi invisible. Su paso era más arrastrado, su ánimo más tenue, su mirada más baja.

Esa tarde, mientras el resto se acomodaba medio dormido bajo unos abetos, Balto hizo como si nada. Caminó hacia el borde del claro, donde las raíces antiguas emergían como dedos de un gigante dormido y se sentó. No frente a la manada, sino de espaldas a ella, mirando el horizonte: un gesto que solo entendían quienes sabían escuchar con la piel.

Al cabo de un instante, escuchó pasos lentos detrás. Tuso se acercó, cojeando. Trató de disimularlo, pero la mueca de su rostro y el temblor de su pata lo traicionaron.

Balto no habló. Tuso tampoco. Bastó compartir el mismo silencio para que la verdad se revelara.

El viento sopló. El silencio continuó. Y entonces, como si el dolor hubiera encontrado una grieta por donde respirar, Tuso habló por fin.

—No soy como los demás, Balto —dijo con un hilo de voz—. No avanzo como ellos. No sirvo para esta vida.

Sus ojos no buscaban consuelo. Buscaban permiso para desaparecer.

Balto no lo miró con sorpresa. Lo miró con ternura, la que no se inventa, sino se gana.

—¿Quién te dijo que la fuerza se mide en velocidad? —respondió sin levantar la voz.

Tuso tardó en responder. Miraba al suelo, a la raíz que tocaba con su pata herida. Pero cuando levantó la mirada, vio en los ojos de Balto algo que hacía tiempo que no veía en los suyos: calma. Una calma que no juzga, sino que ahora acoge.

Balto continuó con una dulzura que solo la experiencia hace posible:

—Un bosque se derrumba cuando nos obsesionamos con la copa de los árboles y olvidamos las raíces. Esto no va solo de llegar. Va de llegar juntos. Va de saber que cada paso de uno sostiene el paso del otro. Va de cuidar lo que crece… incluso cuando no lo vemos crecer.

Tuso respiró hondo, como si le acabaran de permitir volver a llenar los pulmones.

—Pensé que… si me quedaba atrás, sería más fácil para todos —dijo, en un susurro lleno de agotamiento.

—¿Más fácil? —Balto alzó una ceja, con una leve sonrisa inesperada—. Eso sería lo más dañino. Una manada no se mide por la fuerza del primero..., sino por la resistencia del último.

Tuso no respondió. Pero sus ojos se humedecieron. Y Balto sabía lo que eso significaba: había comprendido.

Porque es fácil admirar al que está delante. Pero solo una familia verdadera sostiene a quien se está quedando atrás.

Las raíces que nadie ve

Aquella noche no durmieron juntos solo por el frío..., sino por la decisión. Sabían que la fuerza de la manada estaba en su unión. Y que, como un bosque, cada árbol era una historia; cada perro, una vida distinta. Si uno se caía..., no caía solo. Y si uno crecía, todos lo notaban.

Una historia corre de boca en boca en los bosques antiguos:

«Cuando el viento arrecia, los árboles se abrazan bajo tierra».

Mientras los demás descansaban, Balto reflexionó.

«Ya no puedo dirigirlos como a un rebaño. Debo dirigirlos como a una familia».

A partir de ese día, hubo un pequeño cambio en el ritmo de la marcha: cada vez que se detenían, antes de buscar agua o comida, los miembros del grupo se revisaban unos a otros. No solo las patas o el pelaje. También las miradas.

Se alimentaban unos a otros con lo que traían. Se preguntaban sin palabras si el otro seguía en pie por fuera... y por dentro. La diferencia no era solo táctica. Era humana.

No tardó en notarse.

La manada avanzaba más lenta. Pero más fuerte.

No había dudas. No había abandonos silenciosos.

Había un plan, pero también una emoción compartida.

Había un destino, pero también ahora —y sobre todo—
un sentido.

Eso lo cambió todo.

Una última lección antes de seguir

Poco después, al borde de un río congelado, Balto reunió a
los perros más jóvenes. No para darles órdenes. Sino para
darles algo más poderoso:

—Quiero que entendáis algo —dijo mientras los miraba
uno a uno—. Dirigir no es gritar, ni empujar, ni tener todas
las respuestas. Dirigir es escuchar los pasos de los que te siguen y no hacerlos sentir solos. Liderar no es subir una montaña. Es lograr que todos quieran subirla contigo.

Una perra blanca, llamada Sierra, levantó la cabeza y
preguntó:

—¿Y si alguien no quiere seguir?

Balto sonrió, no con suficiencia, sino con dulzura.

—Eso significa que no hemos encontrado su razón para
hacerlo —respondió—. Porque todos tienen una. Solo hay
que escucharla, con paciencia y verdad.

Sierra bajó la cabeza, pensativa.

Se quedó mirando sus patas, como si la tierra le estuviera
susurrando algo.

Y entonces lo entendió.

Desde entonces, cada perro empezó a notar algo nuevo
dentro de sí: no solo corrían por su propio instinto…, sino
por el deseo de cuidar al que iba al lado.

La fuerza individual dejó paso a la fuerza compartida.

Y lo que un día fue solo una manada… empezaba a convertirse en algo más grande: un hogar que se mueve.

Un bosque que sobrevive no porque sus árboles sean iguales..., sino porque sus raíces están unidas.

Allí, donde la nieve empieza a fundirse muy lentamente, Balto pensó:

«Un líder no cuida al grupo. Cuida el vínculo que los hace grupo».

Y siguieron caminando.

No más rápido.

Pero mejor.

Lectura para directivos

Liderar es cuidar primero lo que no se ve. «Las organizaciones no se rompen por su falta de talento. Se rompen por su falta de vínculo».

Este capítulo nos recuerda algo esencial en cualquier empresa, institución o equipo humano: el liderazgo auténtico no consiste en sacar adelante el plan, sino en sostener a las personas que van a hacerlo posible.

Tuso no estaba agotado físicamente. Estaba agotado emocionalmente. Se sentía menos válido, menos capaz, menos necesario. Nada drena más a un equipo que alguien que siente que estorba, que no vale, que no importa. Y, sin embargo, sucede todos los días en miles de organizaciones: gente que se «queda atrás» sin que nadie lo note o, peor aún, creyendo que su marcha sería un alivio.

Esto no lo arregla la técnica. Lo arregla la cultura.

Tres errores que destruyen el equipo desde dentro

Confundir rendimiento con valor. En muchos entornos laborales, el que produce más es más valioso. El que necesita apoyo, más prescindible. Pero como enseña Balto: una manada no se mide por la fuerza del primero, sino por la resistencia del último.

No detectar el abandono silencioso. Los mejores profesionales no se van pegando un portazo. Se van dejando de hablar, apagando su luz interior, hasta que su ausencia ya no se nota… porque hace tiempo que estaban ausentes.

Convertir el plan en prioridad absoluta. Los líderes obsesionados con el plan olvidan que el plan no camina solo. Camina con cuerpos, mentes, historias. El árbol importa. Pero sin raíces vivas, ni el bosque ni el árbol sobreviven.

Tres claves del cuidado organizativo

Revisar no solo el trabajo, sino a la persona. «¿Cómo estás?» no es lo mismo que «¿Cómo va el proyecto?». Liderar es saber hacer la primera pregunta antes que la segunda.

Hacer visible lo invisible. Las emociones no tienen contrato laboral, pero son las que levantan o hunden un equipo. ¿Cómo se siente cada persona con lo que hace? ¿Qué necesita para seguir creyendo?

Hay que recordar que cada paso sostiene al siguiente. Ningún resultado organizativo importa si, al alcanzarlo, se rompen los vínculos que hicieron posible caminar.

Preguntas para líderes que quieran salvar el bosque

¿Quién está caminando más despacio en mi equipo… y por qué no lo he visto?

¿A quién estoy valorando solo por lo que hace y no por lo que aporta en silencio?

¿Qué parte de mi cultura fomenta la pertenencia y qué parte fomenta la supervivencia?

¿Qué significa, para mí, «llegar juntos»?

Porque liderar no es empujar. Es saber cuándo detenerse, mirar a quien se queda atrás… y volver a caminar con él.

CAPÍTULO VII

CÓMO HACER QUE LA MANADA AVANCE UNIDA

El cielo se teñía de un ámbar suave mientras el sol se escondía tras los últimos montes del norte. La luz caía como un manto sobre la hierba alta, dejando que el día se retirara con la elegancia de quien no tiene prisa por irse. Al otro lado del claro, el humo de una fogata subía recto hacia un cielo sin viento. Ahí, entre sombras largas y fuego amable, la manada de Balto celebraba una jornada de descanso.

Habían pasado muchas lunas desde que abandonaron el antiguo valle. Habían cruzado ríos, esquivado riscos, soportado heladas y noches tan largas que parecían no tener salida. Pero allí estaban: cautos, pero enteros. Cansados, pero juntos. La tierra olía a musgo, como si el bosque hubiera guardado vida incluso cuando ellos no podían verla.

Esa noche, mientras todos comían y se empujaban con la complicidad de los que ya han pasado tormentas juntos, Balto se apartó un poco. No por soledad, sino por costumbre. Él sabía que, para comprender algo, primero hay que mirar sin intervenir. Sus ojos recorrían los cuerpos que se movían en torno al fuego como piezas de un puzle que él mismo no había diseñado del todo, pero al que había ayudado a dar forma. Piezas que encajaban…, aunque aún había espacios vacíos. Historias sin contar. Heridas aún por cerrar. Hijos por enseñar.

Mientras contemplaba, sintió una presencia a su lado. Era Duna, una perra joven, de pelaje castaño y mirada vivaz. Había llegado hacía solo dos lunas, pero llevaba preguntas grandes en los ojos desde el primer día.

—Balto... —dijo con una torpeza honda y sincera—. ¿Cómo sabremos si esta vez funcionará?

Él giró levemente la cabeza, sabiendo que esa pregunta no era sobre el terreno ni sobre la comida, ni siquiera sobre el clima. Duna no hablaba de supervivencia. Hablaba de algo más grande: de si esta vez... sería hogar.

—No lo sabremos del todo —respondió Balto, sereno—. Pero sí sabremos si todos queremos que funcione.

Duna frunció el ceño, confundida. Balto reconoció el gesto: así frunce uno la frente cuando el alma escucha antes que la razón.

—¿Y basta con quererlo? —insistió ella.

—No —respondió Balto, sin dudar—. Pero es lo primero. Si el plan lo impone uno solo, rechinará. Si lo aceptan todos, aunque sea imperfecto, avanzará.

Duna bajó la mirada. No era resignación. Era el peso de una comprensión que aún no se había convertido en certeza. Balto lo notó. Y añadió, con esa voz que calma lo que no puede resolverse rápido:

—Una manada no se mueve porque la empujen. Se mueve porque cree en la dirección que toma.

Eso la atravesó. No solo a ella: también a Lira, que lo escuchaba en silencio desde el otro lado del círculo; a Manchas, que hacía como si no prestara atención, pero que siempre escuchaba con el pecho; a Tuso, que había aprendido esa verdad desde la herida; y a Sira, que ya no caminaba sola, aunque a veces quisiera.

Una mirada desde lo alto

A la mañana siguiente, antes de que el resto despertase, Balto pidió a Fero, Tuso y Sira que lo acompañaran a la cima cercana. Era una colina alta, desde donde se veía lo que los ojos de la noche no habían alcanzado: el río serpenteante con su línea brillante al fondo, el bosque denso al norte y el sendero polvoriento hacia el sur.

Desde esa altura, el mundo parecía más grande. Y lo que uno siente desde lo alto no es grandeza, sino vulnerabilidad. La tierra ya no es lo que uno pisa, sino lo que uno tiene por delante.

—Mirad más allá de lo que ven los ojos —dijo Balto, tranquilo, sin señalarlos—. ¿Qué sentís al ver esto?

Fero, el más ágil y temerario, fue el primero en hablar:

—Potencial. Agua, sombra, senderos. Un buen lugar para crecer.

Luego tomó la palabra Tuso, que ya había aprendido a medir el alma antes que la distancia:

—Pero también peligro. No sabemos qué hay tras esos montes. Ni quién más observa este mismo valle desde otro lado.

Balto asintió en silencio. Y entonces habló:

—Eso es dirigir: ver lo que los demás no han visto, oír el río antes de llegar, prever la tormenta sin verla aún. Pero también... confiar en el camino, aunque nos falten certezas.

El viento sopló más fuerte en ese instante, como si la tierra quisiera dar fe del mensaje. Los tres perros guardaron silencio. Incluso ellos, veteranos, sintieron que Balto no hablaba solo de hoy. Hablaba del viaje entero. Del que falta, del que vendrá, del que nadie podrá caminar solo.

La palabra que hace familia

Esa misma tarde, antes de levantar el campamento, Balto reunió a toda la manada. Así, sin ceremonia, sin jerarquía, solo con la autoridad de quien nunca la ha impuesto, habló así:

—Para que la manada prospere hace falta una visión común. Pero no basta con eso. También necesitamos estar orgullosos del viaje. Si los pasos no nos llenan de sentido, si no sentimos que contribuimos y que somos necesarios…, nos cansaremos antes de llegar.

Se oyó el crujido de una rama al fondo. Nadie más habló.

—Por eso —continuó Balto—, cada uno de nosotros tiene un papel, no importa si grande o pequeño: vigilar el fuego, cuidar al herido, guiar la ruta, enseñar a los más nuevos, recordar al que olvida, empujar al que se rinde… Ningún miembro es redundante si aporta al todo.

Escuchaban ahora incluso los que no solían escuchar. Las pupilas se hicieron más negras, los cuerpos más quietos. El alma colectiva esperaba un cierre que lo anclara todo.

—Y una última cosa —dijo Balto, bajando la voz hasta casi un susurro—: cuando celebremos, celebremos juntos. Y cuando nos equivoquemos, equivoquémonos como manada. El éxito será de todos. El error… lo cargaré yo primero.

No hubo aplausos. Hubo algo mejor: un silencio cargado de pertenencia. De reconocimiento. De pacto.

Eso era el liderazgo: no un avance solitario, sino una invitación a caminar en común.

Duna, que había escuchado desde la retaguardia, se acercó a Tuso al caer la noche:

—Ahora lo entiendo —murmuró, recostándose junto a él.

—¿El qué? —preguntó Tuso, sin mirarla.

—Cómo hacer que funcione —susurró.

Tuso entornó los ojos, sutilmente curioso.

—¿Y qué has descubierto?

Duna lo pensó unos segundos. Y entonces dijo:

—Que todo empieza cuando uno deja de empujar... y empieza a guiar.

Tuso cerró los ojos, satisfecho.

Eso era. Ese era el legado de Balto.

Y con esa verdad recién nacida, la manada apagó el fuego, se tendió sobre la hierba húmeda y durmió no como cuerpos sueltos..., sino como un solo aliento.

Lectura para directivos

Una visión compartida no se impone: se construye. «Un equipo no avanza por tener un líder al frente, sino por creer todos en el lugar al que van».

En este capítulo, Balto da un paso decisivo hacia un tipo de liderazgo que trasciende el mando y entra en el terreno de la inspiración. Ya no habla solo de ruta, de estrategia o de proteger al más débil. Ahora se introduce en el corazón de la cohesión: la capacidad de hacer que un grupo de individuos desiguales se conviertan en un colectivo que avanza porque quiere, no porque debe.

Esto no es solo literatura poética. Es gestión directiva de verdad.

En las organizaciones humanas pasa exactamente lo mismo: los equipos no se mueven porque los empujan. Se mueven porque creen en el camino y en quien lo propone. Eso solo ocurre si se construye una visión compartida.

Tres errores que rompen a los equipos antes de llegar

Confundir dirección con imposición. Decidir no es lo mismo que imponer. El líder que impone su visión sin construirla con el grupo crea obediencia…, no compromiso. Y la obediencia no se sostiene cuando el camino se vuelve cuesta arriba.

Delegar tareas, pero no sentido. Es fácil repartir trabajo. Lo difícil es repartir propósito. Cuando solo unos pocos entienden el porqué, los demás solo ejecutan —y eso, tarde o temprano, agota—.

Celebrar solo el resultado. El grupo que solo celebra el destino olvida el valor del viaje. Pero es en el viaje donde se forja la confianza. Y sin confianza, ningún logro vale la pena… ni dura.

Tres claves para un liderazgo que une, no empuja

Construir lo común en lo diverso. No todos piensan como tú. Ni tienen tus prioridades. Ni ven lo mismo. Liderar es integrar esas diferencias en algo más grande. No borrar la diversidad: aprovecharla.

Dar un lugar real a cada rol. Ningún miembro de la manada era «de adorno» para Balto. En tu equipo, ¿sucede lo mismo? ¿O hay gente que sigue ahí solo porque no te atreves a mirarla a los ojos y decirle que importa?

Cargar tú primero con los errores. Balto lo dice claro: el error lo cargaré yo primero. Ese es el tipo de líder que genera un equipo dispuesto a darlo todo. Porque nadie quiere abandonar a quien no lo abandonaría primero.

Preguntas para líderes con alma

¿Mi equipo entiende hacia dónde vamos... o solo qué tienen que hacer hoy?

¿Estoy guiando... o empujando?

¿Quién no ha hablado en la última reunión... y qué dice eso de mí?

¿Qué celebramos juntos? ¿Solo los éxitos... o también las decisiones valientes?

Porque liderar no es arrastrar a nadie. Es encender algo dentro de cada uno... que lo haga caminar por sí mismo.

CAPÍTULO VIII

LO MÁS IMPORTANTE ES QUIEN CONFÍA EN NOSOTROS

El día caía con la calma de un otoño bien entrado. El cielo se teñía de un naranja apagado, mientras el viento arrancaba las hojas secas como si quisiera recordarles que todo lo que cruje tuvo vida alguna vez. La manada descansaba sobre la mullida hierba, respirando el aire de un valle nuevo, fértil, donde las montañas parecían guardianas antiguas.

Balto observaba al grupo, desde una ligera altura. No pensaba en sí mismo. Pensaba en todo lo que había detrás de esos cuerpos que se movían entre sombras y descanso. Ya no eran solo perros. Eran historias cruzadas, destinos íntimos, silencios cargados de sentido. Una familia sin sangre, pero con un lazo más profundo: la certidumbre de saberse necesarios unos para otros.

Fue entonces cuando una corriente de aire trajo un olor distinto. No era de comida salvaje, ni de peligro. Era de humo y harina. El olor de una casa habitada. Una cabaña, al borde del río.

Duna, que caminaba junto a Balto, levantó la cabeza.

—¿Es a ellos a quienes vigilamos? —preguntó, con esa mezcla de inocencia y curiosidad que aún no había aprendido a ocultar.

Balto observó unos segundos antes de responder. La cabaña estaba lejos, pero no tanto como para no sentir su presencia. Había un antiguo molino de madera junto al agua, desgastado pero firme, y una pequeña granja que seguía respirando gracias a manos tenaces. Allí vivía lo que muchos ya conocían sin haberlo dicho en voz alta: la familia del *molino viejo*.

—No vigilamos. Acompañamos —dijo Balto, sin alterar el paso.

Duna frunció ligeramente el ceño.

—¿Y por qué?

Entonces él giró la cabeza, lo justo para que su mirada alcanzara a la suya.

—Porque ellos dependen de nosotros sin saberlo y nosotros dependemos de que estén bien. En su esfuerzo está nuestro alimento. En su calma, nuestra tranquilidad. En su confianza, nuestro futuro.

Duna no entendió del todo. Pero no dijo nada. Había aprendido que abrir los oídos era a veces más importante que abrir la boca.

Una visita silenciosa
. . . .

Cuando la noche cayó y el valle se volvió un lienzo frío, la manada bajó en silencio hasta las inmediaciones del viejo molino.

Allí vivía un matrimonio, dos niños que corrían como chispas al anochecer y un abuelo que parecía haber nacido con la misma madera que el molino al que cuidaba. El perro de la casa, blanco como la harina que cubría el suelo, llevaba días sin ladrar. Balto lo sabía. Lo había olido en el aire: una tristeza que olía a despedida lenta, a sombra sin nombre.

Balto se acercó sin hacer ruido. No iba a pedir nada. Solo a estar.

El abuelo se hallaba sentado en una mecedora gastada, mirando el río correr. No se sobresaltó al ver aparecer al perro gris en la penumbra. Lo había visto otras veces, alguna madrugada, alguna noche después de la tormenta. Nunca de cerca, pero lo suficiente como para entender que no era amenaza. Era compañía.

—Sabes que no tengo más que pan duro hoy —dijo el anciano, sin temor ni lástima.

Balto ladeó la cabeza.

No hizo falta nada más. La conversación no era de palabras. Era de almas.

El abuelo dejó un puñado de migas sobre el escalón. No porque Balto las necesitara —cazaba mejor que cualquier lobo—, sino porque era su forma de decir: «Sé que estás ahí». Balto no tocó nada. Solo permaneció. Un rato. En silencio. Como quien guarda lo sagrado sin pedir permiso.

Cuando volvió junto al resto, lo hacía más ligero.

—¿Por qué lo hiciste? —preguntó Tuso, al verlo llegar, sin juicio ni reproche.

Balto se tumbó mirando a las estrellas, tal como hacía cada vez que quería quedarse sin palabras.

—Porque sin ellos... no somos nada —respondió—. Y porque no es necesario que den para que sean importantes. Solo que existan. Y confíen.

Tuso bajó la cabeza.

Entendía.

Porque cuidar no es solo proteger. También es reconocer.

Lo que sostiene la vida

Los días siguientes, Balto dedicó tiempo a mostrarle eso mismo al resto de la manada: la importancia de entender que hay ciclos que no empiezan ni terminan en uno mismo, que la fuerza no está solo en morder o correr, sino en sostener lo que sostiene la vida. Que una manada que ignora a quienes confían en ella, aunque sea sin saberlo, pierde su esencia antes de perder la presa.

Fero, el ágil, aprendió a escuchar antes de lanzarse.

Sira, la curtida, dejó de juzgar antes de mirar.

Duna, la nueva, descubrió que cuidar lo que no necesita de uno... transforma.

Y así fue como, sin discursos ni mandatos, Balto sembró algo más grande que obediencia: sembró conciencia. Y, como quien riega lentamente lo invisible, cada miembro de la manada entendió que entre ellos y la familia del valle había un vínculo no escrito. Más que un tratado: una responsabilidad silenciosa.

No tardó en verse la diferencia.

Los días parecían los mismos, pero el aire era otro. La manada no solo avanzaba junta. Ahora avanzaba con sentido. Antes cazaban para vivir. Ahora vivían también para cuidar.

Una perla en la sombra

Una tarde, mientras el valle se volvía fuego y silencio, Duna se sentó cerca de Balto.

—¿Entonces son ellos... los que nos guían también? —preguntó, mirando hacia la cabaña.

Balto cerró los ojos un instante, como quien huele memoria y futuro al mismo tiempo.

—Sí —respondió—. Ellos son la razón. Los que confían en nosotros, sin saberlo, son el centro. No mandan, no ordenan. Pero, sin ellos, ningún camino tendría sentido.

Duna no dijo nada durante unos segundos. Luego movió ligeramente la cola. Había entendido lo que no se aprende con el oído, sino con el pecho.

—Entonces... cuidar a quien no puede defenderse es lo mismo que cuidar del futuro.

Balto sonrió con los ojos.

—Exactamente.

Y solo los líderes verdaderos lo hacen sin que se lo pidan.

La brisa jugó con su pelaje. La noche llegó sin ruido. Y el valle se volvió casa, no porque hubiera techo..., sino porque había propósito.

Y así fue como la manada comprendió:

Que no basta con avanzar juntos.

Que no es suficiente cazar, correr o ganar.

Que no sirve guiar si no se mira alrededor.

Que lo más importante no es el poder que se tiene, sino todo lo que se deja mejor al pasar.

Lectura para directivos

«El liderazgo no es influencia: es custodiar lo que confía en ti».

«Quien solo lidera hacia dentro manda. Quien lidera hacia fuera trasciende».

Este capítulo revela una verdad poco nombrada en el mundo de la empresa: que el liderazgo no se mide únicamente por lo que ocurre dentro del equipo..., sino también por todo lo que ese equipo toca, mejora o protege fuera de él.

En el relato, Balto no solo cuida a su manada. También vela por el entorno que la sostiene. Por la familia del valle, por el viejo que deja pan duro, por el ciclo que une tierra, perro, persona y memoria. ¿Por qué? Porque ha comprendido algo esencial:

Una manada no sobrevive sola. Una empresa tampoco.

Tres errores que apagan la fuerza moral de los equipos

Creer que solo importa el cliente que paga. El liderazgo transaccional reduce el impacto. El liderazgo trascendente lo expande. Una organización debe servir a quien la sostiene directa e indirectamente: proveedores, comunidad, medioambiente, memoria común.

Pensar que lo externo es «ruido». Los grandes líderes no ven el entorno como un «contexto», sino como un ecosistema del que son guardianes. Si lo que nos rodea se rompe, también lo hará lo que intentamos construir.

Olvidar que la confianza genera más que el control. La familia del valle no vigila a Balto, pero confía en él. Y esa confianza, invisible, genera protección, no amenaza. Las empresas que inspiran confianza... generan un valor que ninguna campaña puede comprar.

Tres claves para crear impacto desde la confianza

Sirve antes de pedir. Como Balto: aparece, cuida, protege... sin esperar un aplauso. Luego verás cómo te buscan, aunque no sepan por qué.

Hazte cargo del vínculo, no solo del resultado. El abuelo deja pan duro. Balto no lo necesita, pero lo honra con presencia. Eso crea algo más que una transacción: crea sentido.

Haz visible el propósito externo. ¿Para quién importa que tu equipo funcione bien? ¿Solo para vosotros... o también para otros? Cuando el propósito sale del «yo» y del «nosotros» y empieza a incluir un «ellos», la organización respira de otro modo.

Preguntas para líderes que quieran trascender

¿Quién confía en mi equipo... sin decírmelo?

¿A quién estamos beneficiando sin saberlo?

¿Qué parte de nuestro éxito depende del esfuerzo invisible de otros?

¿Qué legado estamos dejando más allá del resultado?

Porque liderar no es influir. Es custodiar:

A quienes te siguen.

A quienes te rodean.

Y a quienes, sin pedirlo..., dependen de que seas quien dijiste que eras.

CAPÍTULO IX

LAS RAÍCES INVISIBLES

«El árbol más fuerte y frondoso vive de lo que tiene debajo».
Sabiduría del bosque.

El sol empezaba a caer detrás de las montañas, tiñendo de ámbar las copas más altas del valle. La brisa rozaba las hojas, que se mecían como si respiraran al ritmo del mundo. A lo lejos, la manada caminaba sin prisa, pero con un nuevo tipo de cansancio: no era físico, era el que se instala cuando se ha vivido demasiado en la superficie.

Balto se detuvo sobre una pequeña colina que dominaba el bosque. Desde allí lo veía todo: el río al fondo, serpenteando entre piedras como una vena luminosa; los pastos aún vivos pese al invierno que se acercaba; y esos árboles imponentes que parecían gigantes en vigilia, sosteniendo el cielo sin pedir aplausos.

Los perros jóvenes miraron aquella estampa con admiración. Todavía creían que lo más grande es siempre lo más visible.

Balto no.

Él había aprendido que la vida se sostiene al revés de como se mira: de abajo arriba, de lo profundo a lo evidente.

—Lo visible engaña —murmuró.

El cachorro más joven del grupo, uno de pelaje oscuro y ojos atentos giró hacia él las orejas.

—¿Qué quieres decir, Balto? —preguntó con un hilo de voz.

Balto no respondió. Bajó de la colina y el pequeño lo siguió. Anduvieron por un sendero sencillo, pero cargado de memoria del suelo: hojas aplastadas, tierra húmeda, restos de ramas rotas que el viento aún no se llevaba.

Llegaron al borde de un claro. Allí, un grupo de árboles se inclinaba ligeramente hacia su lado. Las raíces estaban expuestas: gruesas, profundas, tan vivas como las ramas que todos podían ver desde la distancia.

Balto se detuvo. El cachorro lo imitó.

—Míralos bien —dijo el viejo líder.

El cachorro parpadeó. Sus ojos se movían de un filamento a otro. Nunca las había visto tan grandes, tan reales, tan cerca, como si fueran brazos invisibles cargando el peso del mundo.

—La vida de un árbol no está arriba, donde todos miráis… —prosiguió Balto—. Está aquí, donde casi nadie mira.

Un silencio suave se instaló entre ellos. Uno que no pedía prisa, pero sí escucha.

—Si un árbol prospera, es porque lo invisible lo sostiene. Si una manada avanza, es porque quienes no ves están empujando. Lo que vive bajo la superficie es más importante que lo que brilla al sol.

El cachorro calló. Sentía algo desconocido en el pecho: era respeto por lo oculto. Por lo callado. Por lo que nunca se presume…, pero sostiene.

Recuerdo de un árbol roto
. . . .

Balto miraba las raíces, pero no estaba viendo solo eso. Estaba recordando.

Años atrás, cuando él mismo era uno de esos perros que miran solo el tronco y la copa, una tormenta feroz se abalanzó sobre la manada en un invierno imposible. Hacia el amanecer, tras noche de vientos y rugidos, vio lo que el suelo había hecho con el bosque: un árbol enorme, orgulloso, lleno de hojas verdes aún en mitad del frío... yacía caído. Parecía imposible que un ser tan grande pudiera romperse.

Balto corrió hacia él.

Solo al acercarse comprendió lo que había pasado.

El tronco era fuerte. Las ramas enormes. Pero las raíces eran cortas. Viejas. O peor aún: descuidadas.

El árbol había vivido para arriba. Para lo visible. Para el viento, el sol, los pájaros, el aplauso del cielo.

Había olvidado lo que estaba debajo.

Y ese olvido lo había matado.

—Muchos líderes viven así —dijo Balto, bajando apenas el hocico hacia la tierra—, mirándose las hojas, pero descuidando las raíces.

El cachorro tragó saliva.

—¿Y cómo se cuidan las raíces?

Balto se incorporó.

—Prestando atención a lo que no habla. Agradeciendo a quien no pide. Cuidando lo que no amenaza. Defendiendo lo que no se exhibe. Y, sobre todo, haciendo que nadie se sienta invisible.

El cachorro lo observaba como si cada palabra se clavara en él para ir creciendo después, en silencio.

—Lo visible es fácil —concluyó Balto—. Lo invisible... es gestión verdadera.

Un silencio que enseña

Regresaron despacio al campamento. A lo lejos, los otros perros preparaban el descanso: unos afilaban los colmillos, otros limpiaban el pelaje tras la travesía del día, algunos jugaban, sin saber que jugaban con el cansancio ajeno para aliviar el propio.

Mientras caminaban, el cachorro pensaba. No en la sombra de los árboles. Ni en el tamaño de las raíces. Pensaba en sus compañeros: los que iban al frente y los que iban siempre atrás. Los que siempre hablaban y los que callaban por costumbre. Los que enseñaban y los que solo obedecían.

Nada brillaba igual, de pronto. Porque algo había cambiado en su forma de mirar.

Cuando llegaron al claro, Balto se detuvo otra vez. Miró el campamento en silencio. Luego habló casi para sí mismo:

—Las raíces invisibles sostienen tanto el árbol como la manada. Solo crece... quien sostiene.

Y se tumbó, dejando al cachorro con el peso dulce de una verdad sencilla y definitiva:

Que hay quienes mandan. Y hay quienes hacen crecer.

Lectura para directivos

«Liderar desde lo invisible: lo que sostiene lo que se ve».

«Lo visible construye autoridad. Lo invisible construye legado».

Las organizaciones, como los árboles de la historia de Balto, suelen ser observadas desde su superficie: resultados, métricas, beneficios, reputación, campañas...

Pero lo que sostiene a una empresa rara vez se ve.

Y ese es el arte —y el peligro— del liderazgo.

Los errores del liderazgo de superficie

Pensar que lo visible es lo que importa. Dirigir por indicadores sin escuchar los silencios de tu equipo solo genera obediencia, no compromiso.

Premiar solo lo que se mide. Lo que llamamos «cultura» vive en lo que no entra en un KPI: conversaciones auténticas, reconocimiento del esfuerzo callado, humor compartido, espacios de confianza...

Descuidar a quienes sostienen desde abajo. El talento invisible —operarios, administrativos, personas de soporte— sufre en silencio. Y cuando se quiebran... es tarde para reconstruir.

- Habla con quien no pide hablar. No solo recoges opiniones. Validas existencia. Dignificas la voz de quienes no se exhiben.
- Da visibilidad a lo que nunca la tiene. Las raíces no piden aplausos, pero sostienen el mundo. Nombrarlas no solo repara: inspira.
- Entrena a tu equipo en mirar hacia dentro. Un equipo que solo se mira los logros deja de crecer; un equipo que mira lo invisible... evoluciona.

Preguntas para líderes con raíces profundas

¿Qué partes de mi organización están sosteniendo en silencio, sin ser vistas?

¿Quién está cansado sin decirlo... y por qué no lo estoy viendo?

¿Qué celebramos siempre? ¿Y qué jamás agradecemos?

¿Quién está haciendo crecer, aunque no esté mandando?

La raíz del líder

El verdadero liderazgo no solo dirige hojas y ramas. No solo habla desde el tronco. Siente la tierra. Nutre aquello que no se ve.

Y sabe que su mayor responsabilidad es honrar lo que sostiene lo que otros disfrutan.

Porque liderar no es ser visto. Es hacer crecer.

«Solo crece… quien sostiene».

CAPÍTULO X

LO QUE SE ROMPE
CUANDO NADIE MIRA

La manada avanzaba por el paso estrecho que serpenteaba entre dos hileras de pinos jóvenes. No era un tramo difícil, pero sí uno en el que todos debían mantener el ritmo, la mirada atenta y el pulso unido. Balto caminaba en cabeza, ladeando la oreja cada pocos pasos para escuchar lo que sucedía a su espalda.

No era el viento lo que le inquietaba. Era el murmullo.

Los murmullos siempre empiezan así: bajitos, casi inocentes, como quien habla solo o comenta un detalle sin importancia. Pero Balto sabía que, si el murmullo encuentra oídos cansados o voluntades inseguras, crece y se enreda como una raíz que empuja la tierra desde dentro hasta romperla.

Los conocía bien. Demasiado bien.

En una roca a la derecha del sendero, una sombra alta lo obligó a detenerse. No porque fuera un peligro, sino porque, de pronto, aquel perfil le recordó algo que casi había logrado olvidar: una arista de montaña, años atrás, en la travesía que hizo cuando todavía era joven y aceptó llevar medicinas a un poblado lejano. Nadie en la manada actual conocía esa historia porque Balto nunca se la contó. No por modestia, sino porque aquel recuerdo no le pertenecía solo a él, sino también a quienes lo traicionaron.

Y eso pesaba.

Respiró hondo.

El pasado, cuando vuelve, no pide permiso.

Aquel día, siendo aún un perro sin cicatrices, había emprendido el camino con un grupo reducido. Las medicinas eran ligeras pero urgentes; el trayecto, intenso pero directo. Lo que no esperaba era la fragilidad de ciertas voluntades. Todo empezó cuando el terreno se complicó un poco. Dos de los perros comenzaron a cuestionar cada decisión:

—¿Por qué no vamos por el valle?

—¿Quién dice que este sea el mejor camino?

—¿Qué prisa hay?

Retorcían lo evidente, sembrando dudas donde solo había compromiso. No eran malos por naturaleza. Eran malos por miedo, por ego o por costumbre. Pero el efecto era el mismo: desgastaban, contaminaban, frenaban.

Cuando intuyó que podían romper al grupo, Balto hizo algo que nunca había contado. No gritó. No impuso. No amenazó. Se detuvo. Los miró con una serenidad tan inesperada que los otros guardaron silencio.

—Podemos seguir juntos —les dijo—, pero no voy a dejar que confundáis cansancio con razón, ni miedo con liderazgo.

Los perros se quedaron quietos. No esperaban esa claridad.

Balto tampoco. Pero entendió que un líder verdadero no solo guía: también protege al grupo de quienes no saben convivir con la responsabilidad.

Les ofreció una elección sencilla:

seguir con disciplina o volver al punto de partida sin estorbar.

Eligieron seguir.

Y esa noche, cuando entregaron las medicinas y salvaron tres vidas, ninguno volvió a cuestionar nada.

El recuerdo se esfumó igual que había llegado.

Balto volvió a escuchar el murmullo presente, ese que ya crecía entre dos perros que caminaban demasiado juntos, murmurando demasiado bajo.

No repetiría el error de callar.

La manada era un cuerpo vivo, y toda infección empieza siempre del mismo modo: por lo pequeño.

—Alto ahí —dijo sin alzar la voz.

Todos pararon. Los que murmuraban fingieron no entender.

Pero Balto no hablaba para ellos.

Hablaba para la manada entera.

—Cuando alguien cuestiona sin construir, cansa. Cuando alguien murmura sin mirar de frente, divide. Y cuando alguien prefiere sembrar dudas en lugar de esfuerzo, debilita a los demás. No he permitido nunca que eso destruya un grupo. Y no voy a permitirlo ahora.

No hubo dramatismo.

Solo un mensaje que incluso los cachorros entendieron: el compromiso no es negociable.

El murmullo desapareció como si nunca hubiera existido.

La manada avanzó.

Unida. Limpia. Lúcida.

Y Balto, en silencio, agradeció a aquel joven que fue un día, cargado de medicinas y rodeado de dudas, haber tenido el valor de nombrar lo que otros solo susurraban.

Lectura para directivos

Este capítulo enseña algo esencial: en toda organización aparecen perfiles que drenan energía, quiebran la cohesión y utilizan la sombra para influir. No son problemas de clima; son problemas de carácter y responsabilidad.

Las claves que Balto nos recuerda:

- Los problemas de actitud no se resuelven solos. Callarlos es permitir que crezcan. Los murmuradores, los desleales, los cínicos, los vagos organizacionales... Todos florecen si el líder mira hacia otro lado.
- La claridad es más poderosa que la confrontación. No hacen falta discursos heroicos. Hace falta una declaración inequívoca:

«Aquí no venimos a romper, sino a construir».

- El compromiso es un derecho, no un premio. Quien no está dispuesto a asumirlo debe tener una salida clara: o se alinea... o se aparta.
- El grupo observa todo. El equipo no necesita un líder perfecto. Necesita un líder que actúe.

CAPÍTULO XI

EL DÍA EN QUE NO LLEGÓ LA RONDA

Hay costumbres que no se explican. Se esperan. Y cuando faltan, no se rompen los huesos, pero algo interior se cae hacia dentro.

En la manada, había un momento callado que todos conocían —aunque nadie lo llamara igual—: la ronda de Balto. La hora en que el líder no daba órdenes, ni señalaba rutas, ni aullaba en lo alto de la roca, sino que pasaba sin hacer ruido y dejaba todo distinto al irse.

A esa hora, el bosque bajaba un tono y la piel de los perros se relajaba medio grado. Ningún gesto lo anunciaba, pero todos sabían que era el instante en que Balto veía lo pequeño: el perro que dormía mal, la pata mal apoyada, el cachorro que llevaba dos días sin jugar. Caminaba entre ellos como si fuera parte del aire. No enseñaba. Acomodaba.

Hasta ese día.

Eran las cuatro menos cinco cuando Duna estiró el lomo y se acomodó instintivamente más cerca del centro. A las cuatro menos tres, el vigía cambió el peso de la espalda. A las cuatro en punto, el bosque se quedó sin paso.

Balto no apareció.

El silencio no fue dramático. Fue lento. Largo. Como una cuerda que se destensa en la oscuridad.

Las conversaciones se quedaron a mitad. Las patas dejaron de avanzar. No se escuchó nada grave, solo un murmullo apagado que decía lo que nadie decía en voz alta:

«¿Y ahora qué?».

A las cuatro y ocho, Tuso explicó algo, pero su frase sonó fría.

A las cuatro y once, dos jóvenes discutieron por la caza de la mañana; nadie los separó.

A las cuatro y quince, el perro de retaguardia bajó las orejas. Ya no sabía si alguien lo veía.

—Llegará —dijo Sira, pero su voz no blindó nada.

Fue Duna quien, tras un suspiro leve, dijo lo que los demás pensaban sin atreverse:

—Si no viene, habrá que salir a buscarlo.

No hubo discusión.

Dividieron la búsqueda sin palabras altisonantes. Como si ese gesto fuese algo que el bosque ya hubiera ensayado con ellos muchas veces.

Sira tomó la cabeza. Hielo y Milo flanquearon los bordes. Duna iba detrás, aprendiendo cómo se camina sin ruido cuando la confianza está en juego.

Siguieron el rastro de la mañana. El mismo que Balto recorría, casi siempre sin acompañantes. Se detuvieron donde la hierba estaba más aplastada. Avanzaron hasta donde el arroyo dejaba de sonar. Encontraron la hondonada rota, donde la tierra había cedido bajo una raíz vieja.

Allí estaba Balto. Con una pata atrapada.

No era sangre lo que preocupaba. Era el tiempo.

Sira no gritó. Hielo no empujó. Milo no trazó mapas.

Solo Duna habló, con una voz pequeña pero firme:

—Hay que mover la rama…, pero sin arrancar la raíz.

Lo hicieron entre todos, con cuidado, no con prisa. El gesto no fue heroico. Fue limpio. Fue silencioso. Fue muy Balto.

Cuando la pata salió, el líder respiró y no dijo «gracias», sino algo que se parecía más a la verdad:

—Ahora sé que ya podéis sin mí.

Nadie respondió. No hacía falta.

El bosque también lo oyó.

Volvieron despacio. Balto apoyaba más mente que cuerpo.

Y la manada volvió a su sitio sabiendo, por primera vez, que era sitio de todos, no solo suyo.

Esa tarde no hubo ronda.

Pero el campamento se ordenó solo.

Duna cruzó el claro y acomodó con suavidad la pata del cachorro cojo.

Tuso preguntó antes de explicar.

Hielo dejó carne blanda cerca de los viejos.

El vigía tomó su puesto más erguido que nunca.

No hubo frases grandes.

Hubo gestos pequeños, repetidos como agua.

Y Balto se acostó sin hablar.

Porque ya lo estaba diciendo el bosque:

«Lo que has sembrado crece sin ti».

Esa noche, el silencio no pesó.

Sostuvo.

La ronda no llegó.

Pero la manada sí.

Y así entendieron todos que el liderazgo verdadero no se mide por el paso del líder…, sino por los pasos que se dan cuando no está.

Lectura para directivos

Cuando el liderazgo no llega a la reunión. La mayor prueba del liderazgo no sucede cuando quien dirige está presente, sino cuando falta. No es un homenaje, ni un elogio; es un espejo. Cuando el líder no llega —a la sala, al ánimo, al detalle—, se revela la verdadera textura de la cultura: ¿hay silencio o sostén?, ¿pasividad o responsabilidad?, ¿dependencia o arraigo?

Las organizaciones como la manada de Balto no se sostienen en la presencia del jefe, sino en la naturaleza compartida de lo que él ha sembrado. El detalle invisible. La ronda silenciosa. La mirada al margen. El gesto que por pequeño se vuelve enorme. Porque lo que siembra un líder no es su palabra…, sino el hábito de cuidado en otros.

Cuando una persona falta, hay dos formas de que el sistema responda:

El grupo se congela, esperando la indicación.

El grupo se mueve, recordando la intención.

Una cultura sana es la segunda.

El liderazgo, bien entendido, no crea seguidores…, sino líderes en silencio.

Es por eso por lo que el momento más noble del que manda no es cuando brilla él…, sino cuando otros avanzan sin él, sostenidos por lo que dejó.

Una empresa madura no es la que funciona cuando todo va bien, sino la que piensa, decide y cuida… incluso cuando nadie la está mirando.

Y así, como la manada de Balto, cualquier organización solo se vuelve verdadera cuando puede responderle al mundo con un gesto:

«Estamos de pie, aunque hoy falte quien nos guía».

CAPÍTULO XII

HACIA DÓNDE MIRAR PARA DECIDIR

«Mirar el bosque sin olvidar el surco que dejan tus propias huellas».

Una tarde fría con un sol que alargaba la sombra de los árboles del valle, Balto se dio cuenta de algo que lo inquietó más que el frío: no todos los perros miraban hacia el mismo horizonte, aunque todos pisaban la misma nieve.

Había quienes caminaban pegados a él, como si la sola cercanía los convirtiera en grandes. Otros, en cambio, seguían al viento con la mirada, atentos al bosque, a las huellas, a lo que de verdad sostenía el rumbo de todos. Había también quienes ladraban más fuerte, solo para que pareciera que sabían qué hacer.

—Curioso —dijo una noche el perro rastreador más viejo de la manada—. Algunos ladran para que se los oiga. Otros ladran porque han encontrado algo. No son los mismos.

Balto asintió. Sabía que el sonido del bosque guarda más verdad que el ruido de una garganta impaciente.

Entonces la pregunta se le grabó:

¿Hacia dónde mira quien debe decidir?

Esa duda ocupaba su mente cuando una noche, junto al fuego, el anciano perro del norte se sentó a su lado. Tenía el pelaje casi blanco y la mirada llena de esos inviernos que solo dejan sabiduría o cicatriz.

—Balto —dijo con un susurro—, nunca confundas caminar delante con caminar solo. Y nunca creas que, por estar más alto, ves más que nadie.

Balto guardó silencio. El anciano continuó:

—Hasta el líder tiene sombra. Hasta la estrella tiene eclipse.

Luego añadió, como un soplo de nieve:

—*Memento mori,* hijo. Recuerda que morirás. No dejes que el orgullo te quite el horizonte.

No era una amenaza. Era un regalo. Una forma de decir: quien solo mira el futuro se olvida de lo que pisa. Quien solo mira lo suyo pierde el rumbo de los demás.

A partir de entonces, Balto entendió que el liderazgo no se mide por el que sube a la roca, sino por lo que sostiene desde abajo. Mirar hacia delante era necesario. Pero mirar alrededor era sabio. Mirar hacia dentro... imprescindible.

Por eso, cada vez que la manada debía cruzar un valle nuevo o enfrentarse a un invierno incierto, Balto no señalaba el camino. Señalaba las miradas.

Se reunía con:

Los que sabían leer la nieve.
Los que escuchaban el viento.
Los que veían lo que aún no se decía.

Y a todos los escuchaba. No para repartirles la decisión, sino para que la decisión naciera de una mirada común.

Porque Balto había descubierto algo que ya no olvidaría jamás:

«Un líder no necesita obedientes. Necesita compañeros que piensen antes de seguir. Que duden antes de asentir. Que no teman decir "no" si ese "no" evita un abismo».

Había perros que corrían adelante para no quedarse atrás. Perros que guardaban comida por miedo a pasar hambre. Perros que hablaban de lealtad, pero solo cuando los demás los miraban. No eran un verdadero problema.

Los que de verdad inquietaban a Balto eran los que decían «sí» demasiado rápido.

«Quien obedece sin pensar puede arrastrar a todos... con la mejor intención».

Ese fue el día en que Balto se grabó a fuego una frase nunca dicha, pero siempre vivida:

«Decidir no es imponer. Dirigir no es mandar. Liderar no es ser más..., es hacer más grandes a los demás».

Desde entonces, Balto nunca tomó una decisión difícil sin antes escuchar la respiración de su manada. A veces elegía lo contrario a lo que el grupo pedía. Pero siempre explicaba por qué. Y cada explicación era un puente. Una enseñanza.

Una noche de luna llena, el anciano del norte volvió a mirarlo desde la sombra del fuego y le dijo, como si nada hubiera pasado desde la última vez:

«Quien guía con miedo llegará solo.

Quien guía con amor, aunque falle, nunca será olvidado».

Y Balto comprendió, sin ruido, sin gloria, sin discursos, que cada paso que daba no era para llegar más lejos, sino para ser la forma en que otros aprendieran a seguir caminando cuando él ya no estuviera.

Por eso, mucho antes de morir, ya era inmortal en su manada.

Lectura para directivos
· ·

Mirar antes de mandar. Hay una tensión silenciosa en todo proceso de decisión: la que nace entre la prisa por avanzar y la necesidad de pensar. Entre señalar el plan y preguntarse si es el plan correcto. Entre empujar una consigna y elevar una conversación.

Cuando Balto decide, no busca cumplir un trámite, ni tranquilizarse con un gesto de autoridad. Se pregunta primero:

¿a quién afecta, quién aporta, quién necesita ser escuchado?

En las organizaciones, como en la manada, el mayor riesgo no está en los rebeldes, sino en los obedientes sin criterio. Los que dicen «sí» demasiado rápido. Los que no preguntan. Los que cumplen sin comprender.

El problema no es el conflicto. Es la ausencia de conversación.

Un líder que decide solo manda.

Un líder que decide escuchando convoca.

Pero solo aquel que decide con otros traslada la responsabilidad del futuro al conjunto, no solo a sí mismo.

No es una renuncia al liderazgo. Es su forma más adulta.

Porque dirigir no es convencer de que yo tengo razón; es construir una razón que podamos sostener entre todos.

Y eso exige algo que los jefes olvidan con frecuencia:

La decisión no se toma con la cabeza…, sino con todas las miradas.

Mirar hacia delante para no estancarse.

Mirar hacia atrás para no repetir errores.

Mirar hacia dentro para no engañarse.

Mirar hacia los lados para no quedarse solo.

Si alguna vez te preguntas si estás liderando…, observa qué pasa cuando tú no estás.

Si el equipo calla, esperan tu voz.

Si el equipo decide, sembraste criterio.

Si el equipo avanza, dejaste huella.

Ese es el verdadero liderazgo: el que prepara a otros para pensar.

No el que deja instrucciones, sino el que deja aprendizaje.

O como dijo Balto sin decirlo del todo:

«Manda quien puede. Decide bien quien mira mejor».

CAPÍTULO XIII

EL INVIERNO QUE NOS PRUEBA

«No es el frío lo que mata…, es el momento en que dejamos de vernos en él».

El primer hielo llegó sin anunciarse. No hubo avisos en el cielo ni rumores en el bosque. Llegó como lo hacen las pruebas verdaderas: con sigilo. Una mañana, al despertar, la tierra había dejado de sonar bajo las patas; el arroyo dormitaba bajo una piel blanca y el aire ya no olía a hoja, sino a ausencia.

El invierno había llegado.

Y esta vez, no venía a negociar.

A diferencia de otros años, la manada no había alcanzado aún un valle definitivo donde pasar la estación. No había refugios seguros, ni presas abundantes, ni un camino claro más allá de una intuición: seguir juntos y sostenerse. Pero los cuerpos se endurecieron. Las voces se volvieron breves. Y emergió un detalle que Balto reconoció desde lejos:

Cuando el frío es profundo, lo primero que se hiela es la palabra.

Los jóvenes, que antes reían sin freno, se movían ahora con rigidez.

Los viejos, que enseñaban sin prisa, dormían más y sin soñar.

Los fuertes, que cargaban sin protestar, empezaron a mirar atrás midiendo quién no los seguía.

Los silenciosos, que antes hablaban con la cola…, ahora guardaban su cola contra sí mismos, para no perder calor.

Y Balto no podía evitar preguntarse quién sería el primero en quebrarse:

¿El cuerpo o el vínculo?

Al tercer día de hielo, la manada halló un claro protegido por una formación rocosa. Allí se refugiaron. Pero la comida escaseaba y el viento parecía no tener ni piel ni tregua. Los nervios crecían. Y en las noches más largas, algunos perros empezaron a mirar más su propio costado que el de los demás.

Una tarde, justo antes de que la luz muriera, el joven Milo llegó jadeando con una noticia:

—He encontrado una colina helada, pero bajo el hielo hay raíces viejas... y quizá... presas... —dijo sin aire.

Nadie contestó enseguida. No había fuerzas para celebrar incertidumbres.

Fue entonces cuando Tuso —aquel perro al que le costaba decir lo justo— se levantó torpemente.

—Vayamos —dijo—. No porque sepamos si es seguro. Sino porque es lo único que sostiene la esperanza... y a los que están pensando en dejar de creer.

Nadie gritó. Pero todos se pusieron en pie.

El camino fue duro, lento, silencioso. La nieve no cedía y el color blanco lo había tragado todo. Hielo resbaló dos veces. A Tila le dolían las patas. Era el tipo de marcha donde no había alma que no supiera que podía quedarse atrás.

Llegaron a lo alto de la colina. Milo no había mentido: había marcas bajo el hielo. Pero el hielo no cedía al primer golpe. Ni al segundo.

Los perros comenzaron a rascar con las patas, con rabia, con hambre, con frío... hasta que no pudieron más.

Y entonces, Duna —esa que siempre encantaba al principio, pero ahora enamoraba al final— metió su pata más honda, más lenta, más atenta. No cavó por ella. Cavó por todos. Y con un gesto pequeño, liberó un brote enterrado, una raíz roja, signo de que debajo aún había vida, aunque no lo pareciera.

No era un milagro. Era una señal. Y eso bastó. Porque la manada no necesitaba una fiesta: necesitaba un reencuentro.

A veces, lo único que falta no es comida, sino creer que vendrá.

El invierno siguió soplando, pero la manada aprendió a mirar otra cosa: el calor que viene del lado. El que no da un fogón, sino un cuerpo que se acerca. El que no viene de una orden, sino de una presencia que queda. El que no se mide en temperatura exterior, sino en certeza interior.

Fue Sira quien dijo algo que los demás ya empezaban a intuir:

—El frío no nos toma la vida cuando se acerca…, sino cuando nos aísla.

Y Balto supo entonces que había llegado a un lugar clave del viaje:

Una manada ya no se define por cómo busca comida. Se define por cómo se sostiene cuando no la encuentra.

Esa noche, al regresar al refugio, nadie habló de lo que habían logrado. Era un logro humilde. Frágil. Sin aplausos.

Pero algo había cambiado: las colas tocaban otras colas. Los ojos miraban distinto. Y el silencio… ya no dolía.

Tuso, que nunca encontraba bien las palabras, murmuró algo frente al fuego:

—Puede que el invierno sea largo. Pero ahora ya sé que no lo pasaremos solos.

No era una declaración de valentía. Era una declaración de confianza.

Balto cerró los ojos. El viento seguía soplando fuera. Pero dentro, por primera vez en días, había alma suficiente para quedarse. Y eso lo sabían todos, no se caza en la nieve.

Lectura para directivos

El invierno como espejo del liderazgo. Las organizaciones no se revelan en el crecimiento, sino en la escasez. No se miden por la actitud cuando todo funciona, sino por el vínculo cuando algo falta.

En la empresa, como en la manada, el invierno no es solo una estación fría: es un espejo. El momento en que cada uno ve quién es realmente cuando ya no se puede fingir.

Porque, en la abundancia, todos hablan de propósito. Pero es en la escasez cuando se revela si el propósito nos sostiene… o era solo un adorno.

En tiempos de frío:

No pesa la falta de recursos.

Pesa la falta de confianza.

Pesa la falta de mirada mutua.

Pesa el silencio que no arropa, sino que separa.

Y una empresa que confunde rumbo con brillo, o velocidad con propósito, se quiebra al primer hielo porque nunca aprendió a generar calor desde dentro.

En invierno —como en una crisis organizativa— hay dos tipos de líderes:

Los que buscan culpables y los que buscan manos.

Los que esperan resultados y los que generan sentido.

Un jefe exige sin medir el frío que atraviesa el otro.

Un líder pregunta: «¿Dónde te duele? ¿Qué necesitas? ¿Cómo avanzo contigo?».

No es paternalismo: es humanidad inteligente.

No es debilidad: es sabiduría operativa.

Porque nadie avanza en una crisis larga si se siente solo.

Por eso, cada vez que una organización entra en «invierno», debería hacerse tres preguntas sencillas:

¿Quién se está quedando atrás sin decirlo?

¿Quién sostiene sin aplausos lo que nadie ve?

¿Qué pequeño gesto, hoy, puede darnos calor para mañana?

No es el frío lo que destruye equipos. Es la falta de propósito compartido. Es la dirección sin cuidado. Es la mirada que ya no ve.

La pregunta no es si habrá invierno. La pregunta es:

¿construimos una cultura que nos mantenga juntos cuando llegue?

Ese es el verdadero liderazgo: el que prepara para lo que vendrá, no solo para lo que funciona. Porque un equipo no es fuerte cuando avanza rápido, sino cuando supo, antes, cómo poner los cuerpos juntos para pasar la noche.

CAPÍTULO XIV

CUANDO EL LÍDER ALUMBRA, LA MANADA SE MUEVE

No siempre eran las noches las que más miedo infundían en la manada de Balto. Tampoco las tormentas silenciosas ni el viento que hacía crujir los abedules hasta casi quebrarlos. Lo que realmente desorientaba al grupo era otra cosa, mucho más silenciosa y peligrosa: la tristeza del líder.

Hubo un invierno en el que Balto recorrió durante días las llanuras nevadas buscando el rastro de un lobo bravo que amenazaba los límites del bosque. El viaje fue largo, agotador y cuando regresó estaba cansado, desilusionado, casi derrotado. Algo muy extraño en él. Su paso era lento. Su mirada, opaca. El cuerpo estaba allí, pero algo más profundo, intangible y vital parecía haberse quedado atrás.

Aunque ninguna palabra lo anunciaba, la manada lo sintió al instante: algo se había apagado en él. Algo que les pertenecía a todos.

La mirada de los cachorros no rebotaba con la misma alegría al verlo. Tuso, que siempre estaba dispuesto a seguir el paso del líder, lo observaba desde más lejos de lo habitual. Incluso Duna, atenta como el eco a cualquier gesto de Balto, caminaba más despacio detrás de él, como si temiera llamar su atención y descubrir una grieta irreparable.

Esa noche, en medio de un bosque donde el aire congelado parecía filtrar cualquier sonido con la frialdad de un cristal recién tallado, cayó el silencio más extraño: un silencio sin confianza.

Fue entonces cuando Kenai, el sabio de pelo gris, caminó hacia Balto sin prisa. No llevaba caza ni compañía. Solo una presencia firme y un pasado lleno de cicatrices que sabía traducir miradas en palabras.

—Cuando tú caminas, todos tus pasos nos empujan —dijo sin mirarlo—. Si te paras, también nos frenas. No importa lo cansado que estés, Balto. Lo que sientes lo vivimos todos.

Balto mantuvo la cabeza baja. No era derrota lo que sentía. Era peso. El peso de saber que su ánimo no era solo suyo.

Desde aquel día, entendió algo que ningún lobo bravo le había enseñado: un líder no solo guía con órdenes, sino con ánimo. Su energía es como una hoguera para el resto: si se apaga, todo se enfría.

Y así nació su costumbre.

Cada mañana, cuando el sol apenas insinuaba una línea sobre la nieve, Balto salía a caminar a solas. No para huir, sino para recomponerse. Respiraba el aire frío, cerraba los ojos y volvía a encontrar el latido de la tierra bajo sus patas. Solo entonces regresaba a los demás. Nunca fingía estar bien, pero sí volvía con algo distinto: dirección.

Una mañana, Lupia trotaba ligera a su lado. Ella había notado esa costumbre y la respetaba, aunque no la comprendía del todo.

—¿Cómo haces para no contagiar el miedo cuando lo sientes? —le preguntó.

Balto sonrió, sabiendo que esa era la pregunta que muchos callaban.

—No se puede dirigir sin tener miedo —respondió—. Lo que sí podemos elegir es qué hacemos con él. Si lo comparto tal cual lo siento, os lo entrego sin control. Si lo acepto y lo transformo, os devuelvo algo mejor.

Lupia bajó la cabeza, reflexiva.

Porque no era una lección de un momento. Era una forma de vivir.

Con el tiempo, la manada aprendió algo esencial: no basta con correr rápido. Hay que correr convencido. Y ese convencimiento solo se crea cuando el líder transmite que la meta es no solo alcanzable…, sino que merece la pena.

Balto comprendió que las manadas no se sostienen solo con órdenes ni con jerarquía. El entusiasmo no es una casualidad: se construye, se cuida y se comunica. Si la manada tenía que alcanzar un valle nuevo, si había que esforzarse más, Balto empezaba por compartir una buena noticia, una mejora, un pequeño triunfo. No para presumir. Sino para demostrar que el fuego seguía ardiendo.

Y eso cambió algo profundo: los cuerpos ya no se movían solo por necesidad…, sino por propósito.

Lo que la manada no sabía, pero aprendió con el tiempo, fue que el entusiasmo —como el fuego— siempre se enciende de arriba abajo. Si el de arriba no ilumina con honestidad, nadie más arderá con fuerza.

Y así, mientras el viento del norte comenzaba a empujar el final del invierno, Duna corrió un día hasta Balto con una mezcla de emoción y urgencia.

—Ya hemos visto rastros de liebre —le dijo—. ¡Y son recientes!

Balto no necesitó más. Se levantó, sacudió el lomo, levantó la cola y, en un gesto sencillo, poderoso e invisible, el fuego se encendió en todos.

—Nos vamos —dijo—, y hoy corremos con ganas.

Y nadie preguntó más. Nadie dudó. Como si una voz antigua hubiese despertado dentro de cada uno.

Porque Balto volvió a alumbrar.

Y donde alumbra un líder, la manada se mueve.

Lectura para directivos

Cuando la energía del líder sostiene lo invisible. En toda organización hay un fuego central que no se ve, pero que sostiene todo lo demás: el ánimo del líder.

Ese ánimo no aparece en los informes, no se contabiliza en las hojas de cálculo, no forma parte del presupuesto..., pero condiciona el modo en que se levanta, trabaja, avanza o se detiene toda la cultura que dirige.

Por eso, el primer gesto de liderazgo no es dar órdenes ni marcar objetivos, sino encender el propio fuego interno. Sin esa llama visible, nada arde a su alrededor con verdadera convicción.

Balto no dejó de sentir cansancio, ni miedo, ni duda. Pero eligió no negarlos ni proyectarlos: eligió aceptarlos, gestionarlos... y transformarlos. Porque entendió que hay dos maneras de liderar cuando uno se siente vulnerable:

Puedes compartir tu miedo sin procesarlo... y devolverlo a tu equipo como una carga.

O puedes procesarlo en soledad... y devolverlo al equipo convertido en dirección, claridad y posibilidad.

Eso no es fingir. Es servir.

El entusiasmo —como el clima— se contagia. Pero, a diferencia del clima, no es algo aleatorio. Depende de los gestos, la presencia y las decisiones que tomamos cuando nadie mira. Por eso, la responsabilidad emocional del liderazgo no es «ser optimista», sino «ser responsable». No se trata de ocultar la dificultad, sino de mostrar el horizonte.

No lidera quien dice «no pasa nada», sino quien dice «seguimos, aunque cueste».

Y esa elección —simple, diaria, íntima— es el regalo que sostiene toda manada, todo equipo, toda empresa que quiere avanzar con alma y resultados.

Porque no basta con mandar. Hay que alumbrar.
No basta con correr. Hay que convencer.
No basta con sobrevivir. Hay que inspirar.
Y eso, en lo más profundo, siempre empieza por dentro.

CAPÍTULO XV

CUANDO LO QUE DEJAS TRAS TU PASO SIGUE CONTIGO

Había un lugar, más allá del río Serpiente, donde decían que crecían los matorrales más dulces, los pájaros cantores más bellos y el sol más cálido al amanecer. La manada lo sabía. No era un rumor. Era una promesa. Y, sin embargo, durante años nadie se había atrevido a cruzar. No porque dudaran del camino, sino porque aquel cruce exigía algo más invisible que la fuerza o la velocidad: exigía reputación.

El paso hacia aquel nuevo valle atravesaba territorios donde otras manadas habían dejado su rastro. Algunas eran recordadas por su ferocidad. Otras, por su astucia. Pero solo una gozaba del respeto absoluto de todos los habitantes del bosque, desde los zorros hasta los ciervos: la manada de Soma.

No eran los más grandes ni los más numerosos, pero algo había en ellos que los precedía incluso antes de verlos. Una forma de estar. Una manera de hablar sin herir. Allí donde pisaban, dejaban espacio para la paz. Y allí donde hablaban, dejaban la sensación de haber dicho lo justo. Nadie los seguía por miedo. Todos los recordaban por justicia.

Ese era el territorio que Balto quería cruzar.

—¿Qué hace que unos sean recordados con miedo y otros con admiración? —preguntó un día Lupia, mientras observaba el movimiento perezoso del río bajo el reflejo del atardecer.

Balto levantó la cabeza. Tenía la mirada tranquila, pero no vacía.

—No se trata de lo que haces cuando todos te ven. Se trata de quién eres cuando nadie lo hace —respondió—. Ahí se construye la verdadera huella.

Y añadió:

—La reputación no es algo que se muestra. Es algo que camina delante de ti o... que te persigue detrás, según cómo hayas vivido.

El río Serpiente fluía despacio, como si escuchara.

Aquel cruce iba a ser una prueba. Y no una prueba de fuerza. Sino de memoria. La manada lo intuyó sin que nadie lo dijera: de nada servía haber sobrevivido al invierno si lo habían hecho sin alma. De nada servía caminar juntos si no habían aprendido a dejar algo mejor al pasar.

Fue esa noche, alrededor del fuego, cuando Sira habló en voz baja:

—¿Y si alguno de ellos no nos recuerda con respeto? —preguntó.

Tuso la escuchó desde el otro lado del fuego sin levantar la cabeza. Había sido él quien, meses atrás, quiso forzar un acceso rápido a un territorio rival para cazar más fácil. No lo hizo con malicia, pero sí con impaciencia. Balto lo frenó entonces con una frase sencilla:

«Podemos perder alimento. Pero no podemos perder lo que somos».

Tuso se removió ahora, incómodo ante el rumor del río, como si temiera que el mundo no olvidara aquello.

Balto habló:

—No podemos cambiar el pasado. Pero sí quiénes somos cuando lo recordamos. La reputación no es perfecta. Es honesta. Como nosotros.

Y fueron esas palabras, más que cualquier orden o advertencia, las que hicieron que la manada descansara en paz aquella noche, incluso sabiendo lo que le esperaba al amanecer: el juicio silencioso de quienes los verían cruzar.

El río Serpiente era ancho, pero no profundo. Sus aguas se deslizaban lentas, cargadas de historia. No era una barrera física lo que imponía. Era una frontera ética.

La manada se acercó con paso contenido. No era miedo. Era respeto. Al otro lado, ciervos y zorros observaban en silencio. No había amenazas. No había gestos beligerantes. Solo una quietud expectante: el mundo quería saber quiénes eran.

Balto se detuvo. Miró a los demás.

—Cruzaremos sin correr —dijo en voz baja—. No por debilidad. Sino por gratitud.

Y así lo hicieron.

Nadie empujó. Nadie adelantó. Los jóvenes caminaban al lado de los viejos. Los fuertes sostenían la carga sin ostentar. Las huellas en la orilla no se borraban. Quedaron marcadas en la arena como un rastro limpio.

Cuando alcanzaron la otra orilla, no fueron recibidos como intrusos ni como amenazas. Fueron saludados con un leve movimiento de orejas por los ciervos. Una mirada curiosa de los zorros. Un silencio solemne de las águilas que sobrevolaban el valle.

Duna susurró:

—¿Por qué nadie nos ha detenido?

Balto respondió:

—Porque no han visto lo que queremos. Han visto quiénes somos.

Y fue entonces cuando lo supo con claridad: la mejor parte del viaje no era el territorio conquistado. Era la forma honesta en la que habían llegado hasta allí.

Desde ese día, la manada entendió algo que ya no olvidaría nunca:

«Ser el mejor deja huella. Ser digno la deja eterna».

Lectura para directivos

La huella que no se borra: la reputación como legado invisible del liderazgo. En el tránsito de cualquier organización madura, llega un momento en el que el resultado no basta. El número de clientes, la facturación, los premios y los *rankings* dicen algo, pero no todo. Porque, aunque el logro sea legítimo, solo la forma en que se alcanzó permanece como legado.

Eso es reputación: lo que camina delante de ti si eres íntegro... o te persigue detrás si no lo fuiste.

Balto no enseñó a su manada a ser la más rápida, ni la más grande. Les enseñó a merecer el paso antes de darlo. A entender que cada decisión —incluso la que no parece importante— deja un rastro. Que no solo cazaban alimento. Construían futuro. Y que, cuando otros los recordaran, no hablarían de sus batallas, sino de cómo habían luchado.

Una empresa —como una manada— puede cruzar muchos ríos. Pero si al hacerlo deja heridas, desgaste emocional o cinismo, llegará lejos... sin alma. Porque el impacto no solo está en los hechos, sino en los afectos.

Los líderes que dejan huella no son los que ganan siempre. Son los que ganan sin perderse.

Los que atraviesan territorios ajenos sin humillar.

Los que negocian con firmeza, sin cinismo.

Los que hacen lo correcto, incluso cuando nadie mira.

Los que entienden que cada paso no es solo avance: también es ejemplo.

Y así, como Balto al cruzar el río Serpiente, los líderes que practican un liderazgo ético y humano no solo alcanzan su destino. Alcanzan algo más profundo y transformador: el respeto de quienes los ven pasar.

Y no hay victoria más grande que esa.

Conversaciones bajo el abedul

Diálogos íntimos para pensar el liderazgo desde la vida misma

En las últimas noches frías antes del deshielo, Balto había hecho algo que pocos líderes se permiten: sentarse a conversar sin urgencia, solo para que el pensamiento se volviera compañía. Fue bajo ese viejo abedul, con un tronco marcado por temporadas enteras de viento, donde recogimos estas pequeñas grandes conversaciones. Ninguna cambió el rumbo de la manada en un solo gesto. Pero cada una, como una gota paciente, amplió la forma en que los demás veían el mundo. Y a sí mismos.

El valor de quedarse

Duna:

—¿Cómo sabes cuándo seguir… y cuándo esperar?

Balto (mirando el río):

—Cuando el paso adelante depende solo de tus patas, camina. Pero cuando depende de los corazones de otros, espera.

Duna:

—¿Y si nadie te lo dice? ¿Si nadie pide esa espera?

Balto:

—Entonces cógelo como señal. La vida avisa antes de gritar. Solo hay que saber escuchar lo que no pide permiso.

(Duna baja la cabeza. Entiende. El liderazgo tiene más que ver con detenerse a tiempo que con avanzar deprisa).

Cuando la fuerza no basta

Tuso:

—No llego al ritmo de los demás. A veces creo que sería mejor que la manada avanzara sin mí.

Tila (sin juicio):

—¿Sabes cuál es la carga más pesada?

Tuso:

—¿Cuál?

Tila:

—La que no compartes. Hasta el más fuerte pierde si decide cargar solo. Eso fue lo primero que Balto entendió. Lo que tú ahora necesitas aceptar.

(Tuso respira hondo. No sabe si ya lo sabía, pero ahora lo siente más cierto que nunca).

El tamaño del error

Manchas:

—Fallé. De verdad creí que la decisión era buena. ¿Cómo levanto esto ahora?

Balto (con una calma firme):

—Acepta el error, sin esconderlo ni justificarlo.

Manchas:

—¿Y eso bastará?

Balto:

—No. Pero te hará más grande que el error. Y ese es el comienzo de repararlo.

(Manchas asiente, sin mirar al suelo. Por primera vez, siente que puede curarse desde la verdad y no desde la culpa).

Cómo saber si vas delante o estás solo

Hielo:

—A veces corro demasiado lejos. Y cuando me giro, no veo a nadie.

Balto:

—¿Corres para guiar o para no oír lo que te sigue?

Hielo:

(silencio)

—No lo sé...

Balto:

—El guía mira atrás tanto como adelante. Quien solo mira el frente, se está escapando.

(Hielo traga lento. No todo líder está guiando. A veces, simplemente huye).

Cuidar al que no lo pide

Sira:

—Tuso se esfuerza. Pero calla una tristeza que pesa más que la distancia que recorre.

Balto:

—Entonces no lo mires desde fuera. Quédate cerca.

Sira:

—¿Y si rechaza mi compañía?

Balto:

—A veces el alma no tiene palabras para pedir lo que necesita. Pero sí tiene ojos para reconocer cuando alguien se queda sin preguntar.

(Sira no contesta. Se va a buscar a Tuso. No tiene que hacer nada más).

La diferencia entre hablar y servir

Milo:

—Me han escuchado. Creo que por fin me toman en serio.

Balto (sin girarse):

—¿Y tú los escuchaste a ellos?

Milo:

—Creí que me tocaba hablar esta vez.

Balto:

—Hablar no hace líder. Servir, sí. Y servir no siempre significa callar..., pero siempre significa recordar para quién hablas.

(Milo queda inmóvil, rumiando. El liderazgo que buscaba no era un podio, sino un verbo).

Estas conversaciones no decidieron el destino de la manada. Pero acompañaron su rumbo. Y eso, en liderazgo, es a veces más importante. Porque no solo se avanza con decisiones. También se avanza con preguntas que abren el mundo sin romperlo.

CAPÍTULO XVI

MOTIVOS PARA QUEDARSE

Durante toda su vida, Balto había sido más que el líder de la manada: fue maestro, brújula, espejo y raíz. Nunca fue el más fuerte, ni el más rápido, ni el que más ladraba. Pero era el que más comprendía. Sabía escuchar sin decir nada, sabía unir sin imponer, sabía sembrar sin pisar.

Con el tiempo, la manada fue creciendo, cambiando. Llegaron cachorros nuevos, algunos traídos del frío, otros nacidos cerca del viejo roble que siempre había visto regresar a los que un día se alejaron. Balto no juzgaba esos cambios. Su misión siempre fue otra: enseñarles a mirar por dentro, a sentir la responsabilidad del grupo y a encontrar motivos para quedarse.

Y ese día llegó.

Era un atardecer como tantos otros, de esos que tiñen de cobre y hacen que el aire se vuelva más lento. Pero algo era distinto en el paso de Balto. No era dolor. Era calma luminosa. Esa que solo aparece en quienes han cumplido su tarea sin aplausos, pero con orgullo limpio.

Se detuvo en un claro.

La hierba estaba fría, pero no hostil. El cielo, sin nubes, parecía guardar la respiración. Balto se tumbó sin buscar sombra ni cobijo. No pidió comida ni compañía. No hubo señales de alarma. Solo miró. Como quien sabe que ya no hace falta más.

Los ojos de la manada lo reconocieron al instante.

Primero se acercaron los viejos, porque sabían leer los silencios. Luego los jóvenes, que aprendieron que también hay que estar cuando ya no hay nada que hacer, pero sí mucho que acompañar. Los cachorros, en cambio, no entendían del todo, pero sintieron que ahí había algo que no debía romperse con ladridos ni carreras.

Tuso, con los ojos húmedos, se tumbó a su lado. Lupia permaneció firme, conteniendo el temblor de su costado. Duna, casi sin querer, apoyó su hocico sobre la pata de Balto. Nadie habló. Nadie lloró en voz alta. El bosque mismo parecía haber detenido sus hojas en el aire.

Yo también estaba allí. Nunca lo olvidaré. Porque aquel instante no era una despedida. Era una entrega. Balto miraba al horizonte por última vez, pero esta vez no preguntaba por lo que venía, sino por lo que dejaba atrás.

Y entonces, casi como un susurro que vuela en el aire de quien ya no necesita ser escuchado, recordé la frase que siempre lo guiaba:

«A quien amas, dale alas para volar, raíces para volver y motivos para quedarse».

Dalai Lama

Y entendí.

Balto había hecho eso toda su vida. Y lo había hecho bien.

Había ofrecido alas: no tuvo miedo de dejar ir a quienes debían probar camino. Había sembrado raíces: enseñó el valor de pertenecer sin poseer. Y, sobre todo, había regalado motivos para quedarse: dignidad, confianza, cuidado, complicidad.

Esa tarde, mientras el sol se rendía y los árboles guardaban silencio, Balto cerró los ojos. Su aliento, leve como brisa, se fundió con la tierra. No hubo tormentas ni lamentos. Solo un asentimiento del mundo. Porque quienes han sido ejemplo no dejan huecos: dejan caminos.

Y así quedó. Su cuerpo descansando entre los abedules, sus enseñanzas latiendo en cada miembro de la manada. Y su historia, que ahora no era solo suya, sino también nuestra.

Duna levantó la mirada hacia el horizonte. Manchas se irguió en silencio. Tuso no movió un músculo, pero su alma creció un tramo más. Y el bosque, el mismo bosque que un día lo vio liderar por primera vez, se ciñó a su última lección:

La verdadera vida no termina donde acaba un camino, sino donde empieza a ser sembrada en otros.

Cayó la noche.

Y por primera vez en mucho tiempo, la manada durmió sin vigía.

Quizá porque, desde algún lugar invisible, aún sentían que alguien seguía alumbrando.

Lectura para directivos

Liderar para no ser necesario: el legado como acto final del liderazgo humanista. Hay una frase que resume una vida de liderazgo auténtico: «El éxito de un líder se mide cuando ya no está».

Balto no se midió nunca por lo que lograba delante de los demás, sino por lo que dejaba dentro de ellos. Y eso —quizá lo más difícil de hacer en organizaciones reales— es lo que diferencia a un jefe de un líder.

Los líderes que entienden su labor como servicio siembran tres cosas en sus equipos:

Alas para volar: confianza para que cada persona pueda crecer, moverse y decidir sin miedo.

Raíces para volver: vínculo emocional profundo con una misión compartida.

Motivos para quedarse: sentido, respeto y un lugar donde sentir que se aporta y se pertenece.

Este es el liderazgo que deja marca eterna: el que ya no es necesario vigilar, porque vive en los demás.

Un buen líder no trabaja para ser imprescindible. Trabaja para ser inolvidable. No dirige para controlar, sino para revelar. No enseña para que lo sigan, sino para que caminen solos el día que él ya no esté.

Su último acto no es dar una orden. Es dejar el ejemplo.

Esa es la diferencia entre poder y legado:

El poder se recibe.

El legado se siembra.

Y solo los líderes humanistas —como Balto— entienden que sus mejores frutos aparecen cuando ellos ya no están recogiendo.

Notas del río
. . . .

12 claves de liderazgo que la historia de Balto nos enseña

«El liderazgo no se mide por la voz que manda, sino por el silencio que acompaña».

El viaje de Balto y su manada no fue solo un desplazamiento por bosques y ríos. Fue un recorrido emocional, ético y espiritual que revela, sin dogmas ni manuales al uso, qué significa de verdad liderar vidas, no solo proyectos. Estas notas destilan ese camino para todo aquel que dirige a otros —o a sí mismo— con la intención de dejar huella, no solo resultados.

1. El rumbo empieza dentro
   No hay dirección externa que sostenga a un líder sin un propósito interno claro. La manada confiaba en Balto porque él sabía adónde iba incluso antes de saber qué camino

tomar. Un directivo solo inspira si su visión es más que un calendario de objetivos: debe ser una brújula vital.

2. No se lidera solo al que obedece
   Los más valiosos no son quienes dicen rápido «sí», sino quienes preguntan «por qué». Un equipo inteligente no es el que acata, sino el que razona contigo para evitar que avances hacia el precipicio confiado solo en tu criterio.

3. No hay manada sin ritmo compartido
   No basta con correr rápido. La eficacia de un equipo no se mide por la velocidad del mejor, sino por el paso coordinado que permite llegar juntos. El liderazgo sin escucha fabrica éxitos aislados y fracasos colectivos.

4. El cuidado es una forma de estrategia
   Los perros que iban más despacio no eran una carga: eran un termómetro de la manada. Balto lo sabía. Un equipo solo aguanta la crisis si ha cultivado antes la confianza mutua. Cuidar no es un gesto blando: es una inversión en la marcha.

5. No existen roles pequeños, solo miradas estrechas
   Lira, que no cazaba, sostenía el ánimo del grupo. Tuso, que tropezaba a veces, era un termómetro emocional. El líder inteligente sabe que lo invisible sostiene tanto como lo brillante. Una organización muere cuando lo útil se confunde con lo visible.

6. La reputación camina antes que tú
   Cuando la manada buscó cruzar el río Serpiente, no bastaba con ser fuertes. Hacía falta ser dignos de respeto. La verdadera reputación no se gana con logros, sino con

decisiones éticas recurrentes y silenciosas. Un mal líder puede tener poder; un buen líder tiene legado.

7. No hay liderazgo sin vulnerabilidad
Balto sabía que el miedo no desaparece: se nombra, se reconoce y se pone al servicio del grupo. La fuerza no es ausencia de fragilidad, sino el arte de no dejar que la fragilidad se convierta en abandono.

8. La fuerza del líder es una hoguera compartida
Cuando Balto se apagaba, todos lo percibían. Un directivo debe aprender a renovar su energía —y eso exige hábitos personales, vínculos y sentido—. Nadie puede dar luz desde la sombra.

9. El futuro se construye en el detalle
El «momento cómplice» de Balto no hacía ruido, pero generaba compromiso. El liderazgo diario vive en los gestos pequeños, en la presencia sostenida, en ser vistos cuando nadie lo pide. Un líder que no se acerca no inspira, se limita a mandar.

10. Los mejores líderes preparan su ausencia
Balto no formó seguidores: formó sucesores. Dejó preguntas más que respuestas. Dejó caminos más que instrucciones. Quien dirige para ser imprescindible no lidera: alimenta su ego y limita el vuelo de los demás.

11. Un error compartido se convierte en aprendizaje
Manchas necesitó fallar para comprender el verdadero compromiso. El rol del líder no es evitar los errores, sino acompañar su digestión. Un equipo que teme equivocarse no innova. Un equipo que analiza mejora.

12. Liderar para no ser necesario

Cuando Balto murió, la manada no se rompió. Porque ya estaba entrenada para pensar, sentir y decidir sin esperar una señal externa. Ese es el mayor acto de un líder: desaparecer sin dejar vacío, sino espacio.

EPÍLOGO

LA VIDA QUE SIGUE AL RUMOR

La primera mañana sin Balto no tuvo palabras. Tuvo, en cambio, una luz distinta. Esa que aparece cuando algo ha cambiado definitivamente, pero todavía no sabemos ponerle nombre.

La manada se movió poco. El silencio era denso, casi útil, como si contuviera una forma nueva de comprenderse. No había un jefe claro, ni una señal evidente. Solo la certeza de que lo que venía a continuación no se aprendería de fuera, sino de dentro.

Nadie preguntó quién mandaba ahora.

Eso fue lo primero que cambió.

El liderazgo dejó de ser una figura... y se volvió un círculo.

Los jóvenes —que siempre habían mirado hacia delante buscando aprobación— ahora miraban alrededor, buscando justicia.

Los veteranos, que antes eran custodios del pasado, se volvieron maestros del presente.

Y un gesto, simple pero decisivo, lo recordó todo:

En la ruta hacia el primer cruce del valle, nadie quiso caminar el primero.

Tampoco el último.

Así que caminaron en paralelo.

No para cuestionar al liderazgo anterior, sino para honrarlo haciéndolo crecer.

Tuso, que un día pensó en quedarse atrás, caminó con paso firme.

Sira, que solía corregir los mapas, escuchó primero y corrigió después.

Manchas, que antes empujaba desde el orgullo, ahora preguntaba antes de proponer.

Y Duna, que inicialmente seducía con encanto, empezó a sostener con hechos.

El liderazgo, sin Balto, dejó de ser una flecha.

Y se convirtió en una red.

La naturaleza lo entendió también.

El río siguió corriendo, como si nada.

Pero los lobos del valle ya no se acercaron igual.

Las águilas dejaron sus vuelos más bajos.

Y el viejo roble —donde tantos habían aprendido a no rendirse— parecía haber guardado una sombra para recordar que, aunque la vida cambia, lo esencial no lo hace nunca del todo.

Porque la muerte de Balto no había dejado un hueco.

Había dejado espacio.

Y ese espacio no se llenó con velocidad, ni con fuerza, ni con discursos de ninguno.

Se llenó con algo más silencioso y sagrado:

la decisión compartida de no olvidar lo aprendido…, pero de no repetirlo sin criterio.

Aquel día, nadie enseñó nada.

Y, sin embargo, todos aprendieron.

No hay signo mayor de liderazgo que ese.

EPÍLOGO (PARTE II)
EL RUMOR DEL RÍO

Cuando cayó la noche de aquel primer día sin Balto, no hubo lamentos. Hubo fuego. Un fuego calmado, tibio, que parecía más una conversación que una hoguera. No ardía para calentar. Ardía para recordar. La llama no subía en vertical, sino en espirales breves, como si tratara de dibujar aquello que ya no tenía cuerpo. Y, aun así, lo tenía todo presente.

Tila fue la primera en acercarse.

No habló. Tampoco lloró.

Depositó una ramita verde junto al fuego.

Una ofrenda mínima. Un gesto sagrado.

Sira se sentó a su lado.

Luego Manchas, Lupia, Duna… hasta que estuvieron todos.

Nadie dijo «ha muerto».

Porque no se dice «ha muerto» de quien sigue viviendo en lo que otros ahora hacen mejor.

El cielo estaba despejado. La luna, casi llena.

Y en el susurro de las ramas —esas que Balto había aprendido a escuchar antes de que el viento las agitara— se escuchaba algo más hondo que la naturaleza: un agradecimiento. Una gratitud muy simple. Muy entera.

Alguien, quizá Tuso, quizá nadie, rompió el silencio con una frase que parecía surgir de todas partes:

«No vino para ser seguido. Vino para enseñarnos a caminar».

Entonces lo comprendimos:

Balto no era el nombre del líder.

Era la palabra para algo más grande:

lo que sucede cuando un alma vive para dejarse ir sin desaparecer.

Y así, mientras el fuego se apagaba en la tierra, una historia empezaba a encenderse dentro de cada uno.

No escribiremos su tumba.

No cortaremos un árbol en su honor.

No diremos en voz alta lo que ya sabemos.

Balto era un paso.

Una mirada.

Un rumor del río.

Y mientras haya un solo perro en este bosque que se pregunte, honestamente, no qué hacer…, sino por qué, Balto seguirá allí.

No como líder.

Sino como latido.

NOTA DEL AUTOR

Escribir desde lo que no cabe en la voz. Este libro nació sin calendario. No fue un proyecto programado. No respondió a un encargo editorial ni a una estrategia. Nació como nacen algunas cosas que valen la pena: empujado por una necesidad interior de poner en palabras lo vivido, lo aprendido... y también lo que uno todavía no termina de entender del todo.

Durante años he trabajado con directivos, equipos, empresas, instituciones. He visto lo mejor y lo peor del liderazgo: su grandeza transformadora, pero también su oscuridad. Y siempre he sabido, aunque no lo dijera en voz alta, que una estructura organizativa puede llegar muy lejos, pero que una estructura emocional vista desde la confianza puede llegar donde ninguna empresa consigue llegar nunca: a lo humano.

Este libro es mi forma de contar eso sin gráficos, sin anglicismos, sin gurús ni urgencias. Por eso escribí una historia de perros que no hablan de perros. Una fábula que no entretiene: recuerda. Porque cuando el lector pone la piel del otro sobre sus hombros —aunque ese otro sea un perro llamado Balto— entiende lo que no se olvida al acabarse la página: que dirigir es, antes que cualquier otra cosa, sentir responsabilidad por la vida que avanza a tu lado.

No sé si este libro podrá enseñarte algo. Esa no fue mi intención. Ojalá al menos despierte algo. Como una emoción tranquila, una duda luminosa, una pregunta que se quede contigo al cerrar la última página. Porque lo importante no es lo que uno lee, sino lo que uno cambia después de leerlo.

Si algún día te encuentras caminando al frente de un equipo, de una familia, de una empresa, o de tu propia vida, y te sorprendes preguntando «¿qué haría Balto aquí?», me daré por satisfecho. No por el libro. Sino por la conversación que hayas empezado contigo mismo.

Porque si algo aprendí al escribir estas páginas es esto: que el liderazgo, el verdadero, no se mide por la cumbre que alcanzas…, sino por la luz que dejas en los otros mientras suben contigo.

Gracias por seguir la huella.

La historia no termina aquí.

Solo cambia de paso.

Carlos Ranera

AGRADECIMIENTOS

Los nombres que no caben en el índice, pero viven entre sus líneas.

A las personas que inspiraron las montañas, los silencios, los aullidos y las miradas de esta historia, aun sin saberlo.

A quienes me enseñaron a mirar más allá del rol, del resultado y del título, para descubrir que el liderazgo no tiene jerarquía: tiene piel.

Gracias a quienes me empujaron a escribir cuando había prisa y a revisar cuando había dudas.

A quienes me acompañaron no con palabras, sino con intención.
A los que sostuvieron mi paso cuando el ánimo era un susurro.
A los que esperaron mi regreso, aunque yo no avisara nada.

A las y los directivos que, con valentía, me permitieron atravesar sus decisiones con preguntas que no siempre cabían en los PowerPoint.

A quienes creyeron en la confianza como herramienta de dirección y no como eslogan.
A quienes demostraron que delegar no es ceder poder, sino multiplicarlo.

Y también —quizá de forma especial— a quienes nunca sabrán que están aquí, porque su influencia fue silenciosa, limpia, real. A ellos, mi gratitud de raíz: vosotros sois las raíces invisibles de este libro.

Y, por último, al lector o lectora que ha llegado hasta aquí: no sé dónde estás, ni qué llevas puesto, ni desde qué lugar lees estas líneas…, pero sí sé esto: si este libro te dejó una pregunta viva, ya caminamos juntos.